建築プロデュース学入門

おカネの仕組みとヒトを動かす企画

広瀬 郁 著

彰国社

目次

まえがき	004

第1部 おカネの仕組み

1時限目	資本と資産の基本と株式会社	008
2時限目	たこ焼き屋さんの財務諸表	034
3時限目	空間のリスクとリターン	056
4時限目	不動産を流動化する	070

第2部 ヒトを動かす企画

5時限目	プロジェクトデザインと企画	098
6時限目	ヒトを動かす企画書のつくり方	112
7時限目	実際の企画書を見る	136
8時限目	エレベータープレゼンの実践	170

あとがき	196
著者略歴	198
制作・協力クレジット	199

まえがき

「建モノづくり」は「モノ」のことだけを考えていてもできません。
　ほとんどのプロジェクトで起きている問題、それは「カネ」と「ヒト」にまつわるものです。社会に出てモノづくりに従事する方々は、日常的にこの「カネ」と「ヒト」の課題を痛感されていると思います。

　「カネ」についての課題は、参加しているプロジェクトの予算や、事業として投じたおカネを回収できるかどうかが大きいでしょう。
　「ヒト」の問題はもっとデリケートでやっかいかもしれません。モノづくりは、ひとりでは不可能です。建築・不動産のプロジェクトでは、クライアントやデザイナーや職人など、関係者が大勢います。彼らのモチベーションが高くなければ、どんなにデザインや企画を頑張っても、よい建モノづくりはできません。
　これら経営の三大資源といわれる「ヒト・モノ・カネ」を横断的に扱う仕事が、プロデュースです。プロデュースとは簡単にいってしまえば「モノづくりプロジェクト全体を統括し成功に導く」ことです。そのためにはチームのメンバーを動かし、予算を管理し投資回収のために手を尽くします。

　本書は、このプロデュースという仕事の基本である**「おカネの仕組み」と「ヒトを動かす企画」**について、**8コマの講義形式で学ぶことができる実践的入門書です。**
　題名は『建築プロデュース学入門』としましたが、僕自身も関わることの多い、**不動産開発や街づくり、プロダクトなどの多岐にわたるプロジェクトにも活用できる基礎の知識とスキルを高められる内容構成**となるように努めました。そしてこの内容は、プロデューサーを目指す人に限定したものでなく、関わるプロジェクトを成功に導きたい多くの方々にも活用していただけるものと確信しています。

　本書の構成は、大きく2部に分かれています。

第1部で扱うのは「おカネの仕組み」です。
　モノづくりを志向するプロのなかには、おカネに対するアレルギーを感じている人が多く見受けられます。しかし、ほとんどすべてのモノをつくるには、おカネがかかりますし、多くの人にモノを提供したい場合には、価値の交換をするためにもおカネが必要です。

また、建築や不動産のようにそれなりの規模のおカネがかかる場合には、その回収も大きな課題です。つくるためにかけられるおカネや、つくったモノを経済化し投じたおカネ以上に回収する。本書では、これらのおカネの動きの原則と、それを理解するためのツールである「財務諸表」の機能を基礎として、株式会社の仕組みや、モノの価値を年間当たりの投資対効果でみる利回りという考え方まで説明します。

第 2 部で扱うのは「ヒトを動かす企画」についてです。
　大半がプロジェクト型の形式をとるモノづくりの現場では、関わるヒトのパフォーマンスやそれを引き出すモチベーション（＝やる気）が、成功と失敗を分けるとても大きな条件になります。
　ヒトにやる気を出してもらうためには、そのモノづくりの意義や目標を伝えて理解してもらい、コミットしてもらう必要があります。またモノづくりの過程においても、目標に向かってメンバーの意識がぶれることなくクオリティの高いアウトプットを出してもらうように働きかけなければなりません。
　第 2 部では、ヒトのモチベーションを高めるために重要な企画とは何か、また、意図を伝えヒトを動かすことができる企画書のつくり方について説明します。企画立案のワークショップの模様や、僕が手がけてきた実際の企画書を解体し、そのエッセンスなども解説します。

　この本を読み終わったころには、
- モノをつくるとき、おカネはどんな意味や機能を持つのか
- モノをつくるために、ヒトにうまく動いてもらうための企画と企画書はどうつくるのか

について、少なくともアレルギー反応を示すことなく、自分なりのイメージがつかめるようになっていると思います。

　これらの内容は、過去、複数の大学や大学院で建築学やデザイン学を専攻している学生に向けて行ってきたレクチャーを素材に再構成し、ライブ感があり親しみやすく理解が進む内容になるよう心がけたつもりです。また、手を動かして解くドリルや実際のプレゼンテーションの講評など、実践的な内容も多く盛り込みました。
　読者の皆様のプロジェクト推進に少しでも役立てていただければ幸いです。
　それでは、早速講義に移りましょう。

第 1 部

おカネの仕組み

1時限目　資本と資産の基本と株式会社　　008

プロデューサーになるきっかけ／建築プロデューサーは映画プロデューサーと似ている／プロジェクトとおカネの関係／資本は経済行為を始めるための元手／資本はカネやモノだけではない／クリエイティブ・クラスという人的資本／資産は収益を上げる有形無形のモノ／資本金が足りなくなったら／株式会社の始まり／投資家は他人に託してリターンを得たい／株と株価の意味するところ

TOPICS
01 空間から展開するプロデュース　／　02 主義と制度
03 無形資産のトレード　／　04 チューリップ・バブル

2時限目　たこ焼き屋さんの財務諸表　　034

ドリル 01 たこ焼き屋さんのおカネ／財務諸表をつくる理由／キャッシュ・フローをドリルで理解しよう／黒字倒産が起こるワケ／ある期間の成績を表す損益計算書／ある瞬間の状態を表す貸借対照表／資産の価値が下がっていくという減価償却／損益計算書から儲けを想定してみる

TOPICS
01 融資　／　02 売上予測とベンチマーク

3時限目　空間のリスクとリターン　　056

投資・回収の構造／空間をリスクとリターンで捉えると／投資と回収のモデルの具体例／利回りで不動産の価値は見直された／コスト認識は社会的にも大事

4時限目　不動産を流動化する　　070

ドリル 02 ホテルを開発するプロジェクト／ロケーションとフィージビリティスタディ／売上と利益はいくらになるか／いよいよ事業化が進む／利益に大きく響く稼働／不動産を投資商品として考えると？／不動産を流動化させる／デザインは利回りを上げるのか

1 時限目

資本と資産の基本と株式会社

経済活動を支える会社やビジネスについてよく知るために、「資本」や「資産」の基本をおさらいすることから始めましょう。資本や資産には、さまざまな種類があります。これからの働き方に関連して最近よく耳にする「クリエイティブクラス」も、資本に関係する言葉です。どのようなことを指しているのでしょうか。

そして、個人では達成できない事業を実現するために考案された「株式会社」についても、その仕組みを歴史からひもといて説明します。

Christian Krohg's painting of Leiv Eiriksson discover America, 1893
所蔵：National Museum of Art, Architecture and Design

17世紀初頭、多くの船乗りが一攫千金を狙って大海原に漕ぎ出した。この活動を支えた仕組みが、株式会社やビジネスの始まりといわれている。

プロデューサーになるきっかけ

　まずは、簡単な自己紹介をしておきますね。今の自分の肩書きはいちおう「プロデューサー」なのですが、なぜこのような仕事をしているのか、どんな仕事内容なのか、といったことをお話ししたいと思います。

　僕の出身は、この講義を受けておられる皆さんと同じ建築学科です。学生時代はデザイン志向が強くて、設計コンペにもよく応募していました。卒論のためにどんな研究をしていたかというと、日本の集合住宅で有名な同潤会代官山アパート(1927年竣工)についてです。あの建物が再開発で取り壊される際に、建物の記録をとり建設当初の設計意図を読み取ることなどをやりました。

　そのときに、建築設計デザインのモノづくりから少し離れてみようと思う体験をしたのです。それは、調査をするなかでの住民の方々との会話がきっかけでした。

　代官山アパートに調査で乗り込む際には、「解体なんてもったいない」という気持ちでいました。年季の入った建物や緑豊かな環境はとても格好よかったし、まあ、僕も若かったし。

　でも、当時70、80歳代の住民の方々に、研究のためのインタビューやお花見のような席で、そうしたことを言うとたしなめられました。「だったらあなた、雨漏りがして、耐震もままならない建物に住めますか！?」なんて。僕は「そりゃそうだ」と、あっさり転向して、「再開発バンザイ」って思いでいたんです。

　その後、住民の皆さんの努力も実り、代官山アパートは高層マンションとして再開発されました。

　ただ、新しい建物や場所を見たとき、僕個人としては、以前の代官山アパートのよさが消えていると感じてしまいました。そこで、悩んだわけです。住民の皆さんの意見は正しいけれど、どうもでき上

がったモノはしっくり来ない。

しかもそれは、建築デザインの問題というより、開発費を捻出するためには容積率を上げなければ再開発事業は成り立たないとか、コミュニティの維持を図るプログラムが必要とされているということが分かってきました。これはデザイン以前の問題ではないか、と思い始めました。きっと、開発というおカネが絡んだ仕組みを勉強しなくてはいけないんじゃないか、と思ったわけです。

学生のころですから、卒論を書きながら進路も悩み、大学院に進むと同時に就職についても研究しました。そして、当時ようやく新卒の就職先として定着し始めた、経営コンサルティング会社に入ろうと決めました。

「ビジネスのおカネを学ぶには、経営コンサルだろう」と。すごく安易ですが。

で、働き始めてからも紆余曲折あり、今はホテルやカフェ、ショップといった施設や関連する事業のプロデュースをしています。特に転機となったのが、東京の目黒にある「CLASKA(クラスカ)」です[→ 空間から展開するプロデュース (P.032)]。

築30数年の廃業したホテルをリノベーションして、デザイナーやクリエイティブ系の起業家たちの溜まり場になったホテルです。これを、物件契約などプロジェクトの立ち上げから、ネーミングなどのコンセプトワーク、オープン後の経営・運営までみることができました。これがきっかけで、その後いくつかのホテルのプロジェクトをプロデュースしたこともあります。

最近では、建物単体のプロデュースというよりも、もう少し大きく捉えて、街づくりや事業そのものもプロデュースの対象となってきています。例えば、地方の商店街の遊休物件の活用計画については、事業自体の仕組みや展開などを考えて実施していますし、月に1度

は出張する上海では、築100年近い洋館をレストランとギャラリーなどの複合施設にリノベーションしたのを皮切りに、2010年の万博では4千㎡の子ども向け職業体験パビリオンのプロデュースも手がけました。

　さてこのプロデュースという言葉、ちょっとあいまいに捉えられていますよね。この点を次に説明しましょうか。

建築プロデューサーは映画プロデューサーと似ている

　では、プロデューサーってどんな仕事でしょうか？　分かる人いますか？

　　人を集める仕事でしょうか。

　そうですね。それもプロデューサーのひとつの仕事です。ほかには？

　　予算管理。

　そうです。それもプロデューサーの仕事です。

　　デザインする。というかデザインの方向性を決める？

　そうですねぇ。それもやる場合があります。
　…と挙げてくると、なんでも屋のようですが、基本的には映画のプロデューサーをイメージしてもらえると分かりやすいかもしれません。
　映画によって、つくられ方やスタッフの構成はさまざまですが、プロデューサーは常に必要とされているのですよ。

結論から言うと、制作費を集め・映画をつくり・世に送り出すまでの、初めから終わりまでを事業性という視線でコントロールするのがプロデューサーの仕事です。

例えば、よい小説があるから、これを原作にして映画化しようとスタートし、誰を監督にするかを決めますね。「これはヒット間違いないので投資してください」とおカネを集め、俳優は誰がいいのかとか、主題歌は誰に歌ってもらうのかといったことをジャッジしたりマネジメントしていく。そうしてつくられた映画を宣伝して、興業やレンタルで観てもらい、投資したおカネを回収する。

僕の仕事は、これをホテルのような施設や、商店街活性化の事業に置き換えれば、ほぼ一緒です。映画制作には監督も必要ですね。ちなみに映画監督と同じような役回りをするのが、建築設計者。設計者には、クリエイティブな側面での責任があります。

このような仕事の内容については、6時限目の講義で、企画書の書き方とともにまた紹介します（P.112）。

プロジェクトとおカネの関係

さて、すべてのプロジェクトには、その内側から見たときと外側から見たときで、働き方の特徴が異なります。「内部・外部」というと建築の設計で出てくる、建物の内と外の話のようですが、経営の分野でも「企業の外部環境と内部環境」というように、「内部・外部」という用語を使います。

プロデューサーのひとつの重要な仕事である、人をまとめてプロジェクトを推進していく内側の話は、5時限目の講義でします(P.098)。

プロジェクトを外から見たとき、プロデュースという仕事で重要なのは「プロジェクトを成功させ成果を挙げること」です。その成果とは、基本的にはおカネです。もちろん賞をとったり、有名になったりすることも成果です。でもそれだけでは、頑張ってくれた関係者や、投資をしてくれたヒトに還元はできませんよね。

すべてのモノづくりにはおカネがかかります。映画の場合であれば制作費、建築の場合は建設費や事業費、プロダクトの場合は材料費や加工費、開発費など。

この投じたおカネでつくったモノを市場で売り、おカネを増やすのが「ビジネス」です。

ですから、建物などの「モノ」をつくるときにはなるべく安くつくって、家賃などの収益を高く上げたほうがよい。つくった「モノ」を売るときにはその差益を大きくしたいので、なおさら安くつくり高く売りたい、となりますね。

僕はいくつものプロジェクトに携わった経験から、難しさ・楽しさの両面で、「カネ」は大事だと感じています。

おカネの仕組みを押さえていないと、よいアイデアやデザインなどがあっても、それを現実化するのもままなりません。また、儲からないと、例えばお店であればすぐにたたまなくてはいけない。せっかく建てた施設でも、すぐに取り壊されるようでは悲しいし、環境に優しくありませんよね。

プロデューサーは、多くのデザイナーや建築設計者が苦手とする、投

じられるおカネ・モノづくりにかけるおカネを整理したうえで、利用者に喜んでもらい、その対価として回収するおカネの流れをスムーズにするという役割も担っているのです。

資本は経済行為を始めるための元手

それでは早速、おカネの話に入りましょう。今日は僕の話に続けて、いくつかのドリルをやっていただく予定ですから、よく聞いておいてくださいね。

まず、会社の状況を判断できる「財務諸表」というものの見方や使い方を

会社の状況を知るキホン

理解するために、基本のキホンとして、「資本」「資産」「負債」、そして「株式会社」について、簡単な説明をしていこうと思います。

「資本」とか、「リスクとリターン」とか、「財務諸表」とか、皆さん聞いても分からないと思うんですよ。分からないでいてくれないと困るんですけど。僕が教える価値がなくなるので（笑）。

就職活動をすると、企業に勤めたい人は急に「日経新聞を読まなきゃ」、みたいになりますよね。日経新聞を読むとこういう単語ばっかり出てきます。なんとなく分かったつもりで読んでいる、これは大半の会社員もそうだと思うんですけど、それらのキーワードについてこれから話していきます。

さて、皆さんが住んでいる日本はどのような経済の仕組みで回っているでしょうか？　経済の仕組みは国によって違いますね。誰か分かる人はいますか？

 資本主義、ですよね。

1 時限目　資本と資産の基本と株式会社　　015

はい、そうです！　ではその反対は？　そう、社会主義ですね。建前上、日本は資本主義、中国は社会主義といわれています。といいますか、自称しています[→ **主義と制度** (P.032)]。

　では、我が国の経済の基本的な仕組みである資本主義の、資本とは何でしょうか？　誰か、知っていますか。

　　元手のおカネ…　でしょうか。

　おっ、いいですね。何の元手ですか？

　　事業とか、の元となる…？

　素晴らしい。いきなり正解が出ましたね。価値提供を行いその対価をもらう、これが事業とかビジネスといわれる経済行為です。そして資本とは、その経済行為を始めるための元手となるおカネです。

　この定義は、会計上という狭い意味では100点の答えです。でも実は、資本はおカネだけではないんですよ。

　おカネ以外の元手として、設備や物品を資本と呼ぶ場合もあります。ちょっと混乱してきましたか？　大丈夫ですよね。

資本はカネやモノだけではない

　ほかに資本として当てはまる要素はありますか？　といいますか、そもそもそれがないと、いや、いないと成り立たないんですが。

　　ヒト、ですか？

そうです。人間は「人的資本」といわれています。人的資本は、機械が出てくる前は文字通り人手として重要でしたが、機械化やIT化が進
み、物理的な労力どころか処理する労力も機械やコンピュータがヒトに取って代わるようになりました。今では「考える」「判断する」など、人間の脳みそにしかできないことが、非常に重要なビジネスのリソースとなります。

この流れで少し、「ヒト」が生み出す価値やその労働階層についてお話ししますね。工業化した社会の状況のもとで、働く人は「ブルーカラー」と「ホワイトカラー」という2種類に分類されていました。

 それは、どのような分け方ですか？

少し乱暴に分けるのであれば、「肉体労働者」と「サラリーマン」といえるでしょうか。その由来は、工場の作業服の色が青で、オフィスワーカーのシャツは白だから、ということのようです。

ただ今では、脱工業化が進み「クリエイティブ・クラス」と呼ばれる、創造的な行為で価値を生み出す階層が重要だという意見も増えています[1]。またそれとは正反対のワークスタイルとして、マニュアル通りに働くファーストフードの店員などを例に挙げる場合もあります。ある企業名が入っているからどうかと思いますが、「マックワーカー」などと呼ばれる階層です。

このような分類に関して、僕は全面的には賛成できません。特に日本では、単純労働のなかにある業務やホスピタリティ自体を切磋琢磨し、価値を大きくする事例もたくさんあると思いますから。ただ、

1時限目　資本と資産の基本と株式会社　017

その善し悪しは別として、効率化のため、マニュアル通りに働かなければいけない仕事も増えていますよね。

一方、仕事を「キャリア」と「労働」というふうに分類する人もいます[2]。このように分ける人はもうひとつの種類として、いわゆる「天職」を挙げています。天職をみつけられる人は幸せですよね。天職というのは自分が運命を感じて、日々達成感があり能力に基づく可能性が広がるものだと思うので、基本的にクリエイティブといえるでしょう。

[1] 『クリエイティブ・クラスの世紀』
リチャード・フロリダ著・井口典夫訳、ダイヤモンド社

提唱者であるアメリカの都市経済学者リチャード・フロリダによれば、世界経済は「クリエイティブ・クラス」と呼ばれる新しい価値観を共有する人材がリードする、クリエイティブ経済の段階に入ったという。ホワイトカラー/ブルーカラーという分類、またナレッジ・ワーカー（知識労働者）以降の、いわゆるプロフェッショナルとされる知的労働者を指して本書では「クリエイティブ・クラス」と呼んでいるが、その意味合いは多様。21世紀における付加価値、すなわち「イノベーション」を創造できる、あるいはリードできるワーカーといえる。

[2] 『バタフライハンター』
クリス・バラード著・渡辺佐智江訳、日経BP社

本当に自分に合った仕事を見つけるにはどうしたらいいのか。著者が、天職としてユニークな仕事に夢中になっている人々にインタビューしていくちょっと変わったドキュメンタリー。登場人物は、スパイダーマンのように高層ビルにぶら下がり設備検査をする「スカイウォーカー」や、精巧な義眼をつくる「目玉職人」、女性ながら全米競技会のワールドチャンピオンになる「きこりレディ」など多種多彩。人は自分の仕事を「労務」「キャリア」「天職」のいずれかとして捉え働いているという仕事学者の分析が刺激的である。

クリエイティブ・クラスという人的資本

 皆さんはたぶん、クリエイティブ・クラスを志向しているからここで勉強しているわけですよね。だとすると、皆さんは今後、脳みそのなかにあるものを資本として提供して、ビジネスに加担していくわけです、基本的には。

 先ほども言いましたが、労力の大部分を機械やコンピュータに肩代わりさせられるようになると、多くの人が創造的な産業に関わりやすくなって、脳みそでつくり出す価値が非常に重要になる、ということです。分かります？

 なんとなく…。

 もう少し具体的な話をしましょう。僕自身は中国でも仕事をしているので、先ほど言った「脳みそのなかにあるものも資本」ということを肌身で感じることが多くあります。日本には天然資源が少ないし、軍事力も行使できません。基本的にグローバルの仕事は脳みそ勝負なんですよね。

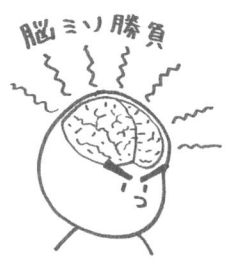

メーカーの皆さんが脳みそでつくり出すアイデアやデザイン、そしてクオリティをモノに添加して「価値」として輸出しているので、この国は経常黒字を出せるんですよ。

 でもこれから未来永劫、モノという媒体だけで経済的に潤った状態を保てるかというと、なかなか難しいとも感じます。一般的に日本では、インハウスデザイナーといわれる人たちがメーカーには年功序列でいます。一方で社内にはマーケティング部の人もいて、例えば、家電量販店でピンク色の洗濯機がよく売れたということを調べてく

る。「すごい。じゃあピンク色の洗濯機をもっと新しいバージョンで用意しよう」となってから、インハウスデザイナーがつくったりします。

もちろんそうではないパターンもありますよ。デザイナーが自分から「こういうものをつくりたい」と言ってつくれる場合もあるんですけど[3]、まあ日本では非常に限られています。片やほかの国では、脳みそで生み出される価値の重要性に気づいていて、多くの手を打ってきています。

実際に、例えばサムスンはクリエイティブ・クラス専用の、デザイン研究所[4]を設置したりしています。そうして徹底的にイノベーションをテーマにして自由に活動しているので、国際的な競争力がかなりついてきていますよね。そういうことが世界では開発途上国を含めて、ものすごい勢いで起きています。

そういった世界の環境の中に皆さんはいて、これから就職するのか独立するのか分からないですが、仕事をしていく。こういったことをちょっと意識するだけでも、ずいぶん違うかなと思います。労働対価っていうのは時給換算かもしれないけれども、キャリアなのかもしれないし、天職として楽しいものなのかもしれない。そのあたりを意識しながら、就職というか仕事を考えていったらいいかなと思いますね。

ずいぶんと脱線しましたが、資産の話に移っていきましょう。

---

[3] デザイナーからの商品企画

欧米ではデザイナーによる商品企画提案はもちろんのこと、自身の名前がついたプロダクトラインも数多く見受けられる。デザイナーであるジェームズ・ダイソン氏が自ら手がけ、新技術に基づきデザインを刷新したダイソン社の掃除機などは一般家庭にも浸透している。

[4] サムスンのデザイン研究所

1993年にブランドの方向性を量から質へと転換を図るためソウルに設置された、産学連携でデザイナーを育成し商品化にも活かす施設。卒業生はサムスンのみならず、ほかのクリエイティブ志向の会社に就職する。今では日本を含む6カ国に設置されている。

資産は収益を上げる有形無形のモノ

資産とは何だと思いますか?

 いろんなものでしょうか…。例えばおカネだったり建物だったり。

そうですね。資産というのはさまざまなものです。確かに。

これは「元手」と分けて考えなければいけないのですが、資産とは「ビジネスで収益を上げるために必要な、有形無形のモノ」です。基本的には有形というのは形がある、おカネや工場、商品のことを指します。無形は形がない、特許や著作権、従業員のスキルのことです。

例を挙げて説明しましょう。

自分がモノを仕入れて売る人だったら、商品は在庫という形の資産を持っているということになります。メーカーだったら工場はおカネや商品をつくる装置としての資産ですし、不動産屋さんや大家さんはビルを資産として持っていて、それを使って家賃を稼げます。ビジネス業態によって、何を資産として使っておカネを儲けるか、というところが変わるんですね。

このように、資産は、ビジネスのために持っているモノです。たいていは買ってきたり、材料を買ってきてつくったりします。そして、その資産を活用しておカネがうまく増えたら、それも資産になります。次のビジネスに使えるわけですからね。

ただ、無形の資産の場合は値段をつけるのが難しい。たいていはその無形資産を買ったり売ったり借りたりと、おカネの出入りが

あったときにはじめて会計上、計上することが多いです。

僕自身、ホテルの名前などを含めたブランドを商標権として有形資産とともに売った経験がありますが、無形であっても一般的な商品と同じように、売る人と買う人の合意のもとに売買されます[→ **無形資産のトレード**（P.033）]。

さてここまで来て、元手となるおカネや資本を用意して、商売のためのモノを準備してビジネスをしよう！　というところまでイメージができてきたでしょうか？

資本金が足りなくなったら

いろんな資産を買う必要があるのに、資本金が足りなくなったら、どうしましょう？

あなたならどうしましょうか？

 資本金を増やす。

そうですね。それもひとつの手です。それを「増資」といいます。ただ、この増資というのはいろいろと面倒くさい側面もあります。

そもそも出資してくれた投資家[5]に、その対価であるおカネ、これを配当といいますが、配当を払うために事業を成功させる約束をしなければならないし、事務手続き的に面倒くさいことも数多くあります。

もっと、なじみが深いやり方がありますよ。少額であれば、皆さんもその手法を使っておカネを調達しているかもしれません。

 借りることですか？

そうです、その通り。銀行からおカネを借りることを「融資」と呼んでいます。皆さんのなかで、バイクや車を買うときにローンを組んだ人や、奨学金を利用している人は融資を受けている、といえるでしょう。

　こうした、借りていて返さなければいけないおカネを「負債」と呼びます。返す義務があるという意味で「債務」という場合もあります。逆に、返してもらえる権利を「債権」といいます。債権は、資産として持っているものですね。

　ここまでで、資本・資産・負債のイメージはつかめましたか。これらは会社の状態を知るおカネの表のひとつ、バランスシートとも呼ばれますが、貸借対照表を構成する3つの要素です。

　では、そもそも会社って何でしょうか？　そのなかでも特になじみの深い会社、株式会社はなぜ必要なのか、どのような特徴があるのか考えていきましょう。

5　投資家って誰？

投資家という言葉には不思議なニュアンスがある。パワースーツを着たハゲタカエリート、はたまた葉巻をくわえた大金持ちというようなイメージがあるが、実際はたいていの場合、投資銀行・年金などの法人組織である。もしくは「ミセスワタナベ」などと呼ばれる、家計の一部を投じる一般個人の場合もある。「エンジェル」と呼ばれる、ベンチャーに大口の出資をしてくれる投資家の数は、残念ながら日本には極めて少ない。

株式会社の始まり

　先にも簡単にお話ししましたが、ビジネスとは「投じたおカネを増やす」ことです。

　ただ、これがそう簡単には増えません。それを端的に表しているのが、ほぼすべての会社には寿命があり、つぶれてしまうという事実です。一度はうまくいっても間違いを犯したり、市場の変化につ

いていけなかったりと、簡単には儲けられません。事業の見通しがよくないと融資も受けられなくなり、払わなければいけないものも払えなくなり、最後にはつぶれてしまうのです。

実際、日本では起業と廃業の率がほぼ同じで、5%を切るくらいです。毎年起業があって会社の数が5%増えていても、同じ数だけ廃業、つまりつぶれてしまうわけです。

では、会社がつぶれてしまうと、資本金はどうなるのか？

実は、これが分かると、株式会社のことも理解しやすくなります。そもそも株式会社は、これらのリスクとうまく付き合うために編み出された仕組みなのですから。

これから、その成り立ちを説明するために、ある昔話をしたいと思います。

題して「船長と貴族の船」。

時は17世紀初頭。ヨーロッパで貴族など多くのお金持ちが、肉を食べるようになったころのことです。

船乗りたちが、胡椒という香辛料を東南の遠い遠い島から持ち帰ってきました。この胡椒をかけるとやたら肉がうまくなると、この希少な香辛料の大きなブームが起き、高級品として売買されました。

一攫千金を狙い多くの船乗りが、遠方まで胡椒という宝物を探しに出かけました。でも、無事に帰国できる者はほとんどいません。技術はあっても裕福ではない船乗りたちの乏しい装備では、大海原を越え数々の嵐にあっても持ちこたえて旅を終えるのが難しかったのです[6]。

それでも、船長たちは行きたくてたまらず、貴族たちは胡椒が欲しくて我慢ができません。

　そこで考えられたのが、所有と経営を別に行うということです。おカネのある人が船などの装備を買って船長らクルーに与え、胡椒を取ってきてもらう。一方船長は、とても大きくて頑丈な船が必要だったので、何人かの貴族やお金持ちに声を掛けておカネを出し合ってもらい、出航の準備をしました。

　その甲斐あって、数年後にはとても多くの胡椒を持って帰ってくることができ、多額の利益が生まれました。船長もその儲けからギャラをもらい、船を買った貴族たちも自分たちではとても使い切れない胡椒を手に入れたということです[→ **チューリップ・バブル (P.033)**]。

　以上が、株式会社の成り立ちです。

　この、船を買うために集めたおカネが…。

　資本金？

　その通り！　で、船長が、胡椒を無事に手に入れてきて高値で売るという商売を行う会社の社長といえます。ちなみに、もしも船がほかの船にぶつかったり、高額な弁償をしなければならなくなったとき、貴族は当初出したおカネを支払う必要はありません。

　これを、有限責任といいます。現代の会社でも同じですね。会社に出資した人は、会社がもし倒産したら資本金は返ってきませんが、それ以上は出す必要がなく、責任は有限ということです。

6　胡椒難破船

1994年にポルトガル・リスボンで発見された沈没船には、沈没現場の海底に35cmも堆積するほど大量の胡椒が積まれていた。このような海底に眠る遺跡や沈没船などから史実を解明する水中考古学の調査が、ヨーロッパでは盛んに行われている。

投資家は他人に託してリターンを得たい

このように有限とはいえ、なにかあったら投資したおカネはなくなってしまうリスクはあります。

いくら装備がよいといっても、大嵐で船が難破してしまうかもしれませんし、疫病でクルーが全滅してしまうかもしれません。

なぜ貴族の人々は、そのような話に投資するのでしょうか？

たいてい人間は、得をするからリスクを冒すものです。でも、自分たちで使い切れないほどの胡椒を手に入れたいがために、そこまでリスクを冒すでしょうか。

では、得すること、つまりリターンとは何でしょうか。簡単な計算をしてみましょう。

船長は、自分が死ぬかもしれないというリスクがあるので、胡椒を持って帰ることができたらその1割は自分のものです、という約束を事前にしておくわけです。つまり、残りの9割は貴族たち投資家のものです。

ここで、貴族たちの投資した金額が1千万円だとします。1年の航海で、10億円分の胡椒を持って帰ってきたとしたら、貴族たちは9億円の収益[7]を得られるのです。

これって、投資額の何倍に当たりますか？

 90倍ですね。

そうです。1年間でおカネが何十倍にもなることって、そう簡単にはありませんよね。もちろん、1億円のギャラを得る船長もすごいのですが、命をかけて

自分もクルーも働いています。その点、投資家たちは心配こそしたかもしれませんが、具体的な労働は何も行っていませんよね。

自分が労働しないでおカネを他人に託すことで、おカネがものすごく増える、銀行に預けるときの金利よりもだんぜん増える、というのが、資本家側から見たリターンです。最大のリスクは、船ごとなくなっちゃうかもしれない、ということです。

それなら貯金しといたほうがいいな、という見方もありますが、なにせ90倍ですよ。船長のキャリアやクルーメンバーのスキル、自らのおカネが投じられるクオリティの高い装備などの経営資源や、航路の状態や過去の実績などのデータを集めて検証し、リスクが想定内であると判断した場合、投資を行うのです。このような大きめのリスクを冒し、多くのリターンを得ることを、「ハイリスク・ハイリターン」と言います。

一方で、「貯金しておいて数%でも増えれば十分」というような低いリスクで少しのリターンを得ることが、「ローリスク・ローリターン」という考え方です。

ここまで話してきてお分かりいただけたかと思いますが、株式会社という仕組みの出現で、ビジネスという「投じたおカネを増やす」経済行為を、投資と経営というふたつの立場で明快に進めることができるようになりました[8]。

---

7 収益と利益

「収益」とは会社に入ってくる「売上」「雑収入」などを指す。「利益」は収益から、それに対応するコストを差し引いたものを指す。

8 株主と取締役

株式会社において投資とは株式を保有することで、経営とは取締役で構成された経営陣を指す。会社法上は会社の持ち主は株式を保有する株主であり、株主が経営者である取締役を選任する。しかし、誰を企業の所有者・主権者として認めるかは必ずしも一様ではない。誰が企業を統治（コーポレート・ガバナンス）するのかという問題は、「会社（企業）は誰のものか」という問いとも置き換えられ、日本などで多くの議論を呼んできた。

株と株価の意味するところ

　株式というのは、ひとつの仕組みということです。ここまでで、だいたいイメージがつかめたでしょうか。

　はい…。ただ、株とはつまり、何ですか？

　あ、スミマセン。説明不足でした。先ほどの船などを買うために必要な資金が1千万円だとしたら、たいていは複数の人々が異なる金額を出し合うわけで、その金額ごとに証書を出さなければいけませんよね。それで、出資金の最小単位を決めて、株券という出資した証明書を出資者に配布したわけです。

　例えば、最小単位を100万円としたら、1株100万円とし500万円を投資した貴族Aはその紙を5枚受け取る。200万円を出した貴族Bは2枚。残りの3人は1枚ずつとか。

　株価って、その証書に書いてある金額のことですか？

　おーっ、鋭いですね。実は、この紙に書いてあるのは「額面」といって、最初に発行したときの金額であって、その後はいろんな値段で売買ができてしまうんです。

　例えば、さっきの話でいうと、100万円の株式を5枚持っている貴族Aさんは、船が帰ってくる前に、船長からの伝書鳩で大量の胡椒を手に入れたという情報を得て、儲けを予測できるかもしれない。そうして1枚が90倍の9千万円の価値になると別の人に説明して、5千万円で売ってもいいんです。

その時点で、買った人にとっては5千万円の価値がある、しかも将来は9千万の価値になる可能性のある株券といえるわけ。ちなみに売ったAさんはこの時点で、投じた総額500万を優に超えた5千万円を手にして、4千500万円の利益を確定しちゃったね。

この航海を毎年続けていくのが、今の会社法に定める株式会社のようなもので、その株を一般の人まで広く自由に買えるようにしたのが株式公開です。

こうなると、しっかりと事業を経営・運営し、株主に対する説明を果たせれば多くの人たちから資金を調達できるようになります。でも、株式を公開した会社は一般の人にも投資を呼びかけられるようになるぶん経営管理や情報開示などのルールが法律で定められていて、コストや手間が増えるデメリットもある。それで、わざわざ公開していたものを会社側の特定の人たちで買い戻し、非公開化することもあります。

現在では、運用上の都合から、紙の株券[9]や額面の記入というのも廃止されていますけどね。

 株式会社は、投資家と社長はいつも別の人なんですか？

いや、そんなこともないです。

さっきの昔話で例えれば、貴族の人が冒険好きで船長もやる、なんて場合もあります。現代でいうオーナー社長というのは、投資家と社長が同じ人のことですね。そもそも会社の株主は、配当を受ける権利と、経理をする取締役を選ぶ権利があり、オーナー社長は自分で自分を任命しているのです。

でも、ビジネスモデルによっては、自分の資本だけでは絶対できない場合があります。例えばGoogleとか。創業者のふたりのアイデアはすごくてここまで成長しましたが、あの手のビジネスはまず資

本がないとサーバーが買えないですよね。しかも計算量に応じてサーバーをどんどん大きくしないといけない。

人ももっともっと雇わなければいけないとなったときに、昨年何百万円儲かったからそれを元手にちょっとサーバー買い足しましょう、とか悠長にやっていたら、あそこまでスピード感を持って成長できませんし、その間に競合[10]に負けてしまいます。

だからいいビジネスモデルだったり、いいアイデアだったり、仕組みを考えている人は、資本っていうものがない限り、社会に対して継続的に価値提供できないことが多いと思います。

先ほどの船の話でいえば、船長が30年地元で大工かなんかして、おカネを稼いだ後に船をつくったとしても、そのころにはもう老人になっていて長旅をするどころじゃない、ってこと。

以上で、「所有と経営」を分離し、事業をダイナミックに実現可能にする株式会社という仕組みと、立場によってリスクとリターンのレベルが異なるということの講義を終わります。

9 株券

株券を発行するか否かは株式会社の任意となっているが、2009年6月から公開会社の株式が、一律に無券面化(ペーパーレス化)された。券面と呼ばれる印刷された株券がなくなり、現物の株券の受け渡しも行われなくなった。

10 競合

競合とは、同じ競争領域で争う相手のこと。競合の定義はその領域(ドメイン)の捉え方によっても変化する。例えば、たこ焼き店の競合は外食粉物関連店という観点ではお好み焼き・焼きそば屋などになるが、外食軽食として大きく捉えるとファーストフード店も競合となる。また、粉物食としての競合ではスーパーで販売されている粉も競合といえる。市場において他社に真似される前に、自社にしかない長所または強みを発揮することが重要である。

TOPICS 01

空間から展開するプロデュース

本文で紹介のある「CLASKA」に始まり、上海で手がけた洋館のリノベーション「diage」、上海万博のパビリオン「ABILIA」など、空間のプロデュースのみならず施設のソフトに関する企画も実施した。最近では、地方都市の中心市街地活性化の施策としてコワーキングスペースのプログラムや、減少する国産い草を有効活用する建材「TATAMO!」などの事業推進に従事している。建築プロデュースという職能は、空間にともなう多くの役割を網羅的に担うことになるので、街づくりや新規事業などにも応用し活用できる。

1. CLASKA
2. ABILIA
3. TATAMO!

TOPICS 02

主義と制度

「資本主義」とは、個人・法人が元手となる貨幣を資本として投下し、労働力を活用して生産を自由に行い市場で交換し、利潤を得ることである。相対する概念として「社会主義・共産主義」があるが、これらは思想運動の違いとして認識されることもある。社会主義の場合、政府は生産手段や財産の私有を制限し、共産主義では禁止する。どちらも、政策で徴収した財の管理・共有・再配分を行うことが特徴。また「自由主義」や「リベラリズム」という言葉は、時代や地域や立場などにより変化している。アメリカや日本では「リベラル」という用語は、社会的公正を重視して福祉などの政府の介入も必要とする穏健な革新を目指す立場を指すことが多い。これに対して、本来の自由主義的側面の立場を強調するのがリバタリアニズムで、特に経済的に古典的自由主義を再評価し小さい政府を表明する立場を新自由主義とも呼ぶ。注意すべきなのは「民主主義」とは英語では「democracy」で、本来の意味は「主義」でなく、仕組みとしての民主「制」である。

TOPICS 03

無形資産のトレード

トレードの対象になる無形資産としては、特許や商標権、著作権といった知的資産、従業員の能力や技術といった人的資産、企業文化や経営管理プロセスといったインフラ資産などがこれに含まれる。無形資産であっても貸借・売買の対象になり得る。例えばブランドを保有しているライセンサーが、それを活用するライセンシーに条件をつけて使用権を貸与する。売買の場合は、事業とセットで譲渡されることもある。

事業や会社の売買（M＆A）が行われる際には、査定した資産価値を根拠にトレードが行われる。ただし、一般的な物品の売買と同じく売り手と買い手の交渉のうえに価格は成り立つので、最終的には相互が合意した金額で取引される。その際、会計上の資産価値を売買の金額が超えた場合の差額を「のれん代」という。これも無形資産として計上される。

TOPICS 04

チューリップ・バブル

本書では資本主義の始まりを、16〜17世紀の香辛料貿易を用いて説明したが（P.024）、時価資産の資産価格が投機によって実体経済の経済成長以上のペースで高騰し続けるバブル景気が、同じころにオランダで起きている。これは「チューリップ・バブル」と呼ばれ、世界最初のバブル経済事件とされる。チューリップの球根に異常な高値がつき、その後100分の1の値段まで下げたといわれている。バブル崩壊という現象は単に景気循環における景気後退ではなく、土地や株などの時価資産への投機意欲の急激な減退、金融機関の貸付（信用）の急激な収縮、そして、政策の錯誤が絡み合い発生する。

チューリップが突如として投資の対象となり、驚くほどの高値で取引されるようになった

An image from *Verzameling Van Een Meenigte Tulipaanen* -- the 1637 tulip book of P. Cos

2. 時限目

たこ焼き屋さんの財務諸表

会社のおカネにまつわる情報から、その会社の状況を見る方法を学びましょう。
財務諸表とはどのようなもので、どのような種類があるのでしょうか。財務諸表のそれぞれは何を意味し、どのように役立つのでしょうか。
ここでは、たこ焼き屋を出店し運営するモデルを描いたドリルを使って解説していきます。経済ニュースでよく目にする「黒字倒産」「負債」「減価償却」といった用語の意味もよく分かってくるはずです。

PHOTO : Tomo.Yun

たこ焼き屋さんであっても、ひとつのビジネスである。そのおカネの流れは一般的な会社の状況を示す財務諸表としても表すことができる。

ドリル 01　たこ焼き屋さんのおカネ

❶ キャッシュ・フロー計算書（C／S）

大学正門前の駐車場をオーナーの好意で期間限定ながらただで借りられることになったので、友人と3人で学園祭の一環として10日間、たこ焼き屋をやることになりました。かかるおカネを調べると、たこ焼きの材料は総額20万円（ただし支払いは閉店後、初日に2割・4日目に4割・最終日に4割）、たこ焼き器のレンタル代が総額50万円（ただし支払いは閉店後、準備期間に1割・4日目に6割・最終日に3割）でした。開店してみると立地がよかったのか、タコがおいしかったのか毎日10万円売れました。後でもめるのがイヤなので毎日、おカネの出し入れをメモしておきました。下の表の空いている欄を埋めてみましょう。

	準備期間	初日	2日目	3日目	4日目	5日目	6日目	7日目	8日目	9日目	10日目
売上	万円	万円	万円	万円	万円	万円	万円	万円	万円	万円	万円
材料費	万円	万円	万円	万円	万円	万円	万円	万円	万円	万円	万円
たこ焼き器レンタル代	万円	万円	万円	万円	万円	万円	万円	万円	万円	万円	万円
小計	万円	万円	万円	万円	万円	万円	万円	万円	万円	万円	万円
累計	万円	万円	万円	万円	万円	万円	万円	万円	万円	万円	万円

Q. 準備にいくら必要ですか？　　　　　　　　　　　**A.** ＿＿＿＿万円

Q. いつ一番おカネが減りますか？　　　　　　　　　**A.** ＿＿＿＿日目

このように、「キャッシュ・フロー」とはおカネの流れを示すものです。おカネは多くなったり少なくなったりするので、会社がいくら儲かっていてもおカネがなくなることがあり、払わなければいけないタイミングでおカネが払えずに倒産してしまう場合もあります（黒字倒産）。

Q. さて、このたこ焼き屋さんは儲かっていると思いますか？　　儲かって　いる ・ いない

❷ 損益計算書（P／L）

魚屋さんから、「これからもいいタコを安く卸してあげるから続けて運営していけば」と新鮮なタコを追加で10kgもらってしまいました。この10日間の充足感が忘れられず、3人は残りの大学生活でプチ起業をしようと決めました。ところが、親から「そんなうまい話はない！」と反対されます。頭にきたので、得していることを証明するため計算することにしました。『カバでも分かる経済入門』という本を読んで、「損益計算書」を先の10日間でつくってみました。そこである重要なミスに気づいたのです。

Q. さてそれはなんでしょう？　**A.** ＿＿＿＿と＿＿＿＿のコストを忘れていたため

猛烈反省をしつつ、交渉して場所代は地主さんと交渉して1日1万円で借りられることになりました。また話し合いの結果、3人で毎日8時間、さすがに1時間750円の給与は欲しいという結論になりました。以上の条件で計算しなおしてみましょう。

売上
100万円

材料費（原額）	レンタル代
20万円	50万円

場所代＝ ＿＿万円 × ＿＿日 ＝ ＿＿万円

人件費＝
＿＿円 × ＿＿時間 × ＿＿日 × ＿＿人 ＝ ＿＿万円

合計＝ ＿＿万円

❸ 貸借対照表（B／S：バランスシート）

全然儲からないたこ焼き屋に夢砕け、残ったタコを刺身で食べているとき思いつきました。儲からない一番の原因はたこ焼き器のレンタル代じゃないか？ と。そこで調べるとたこ焼き器は 70 万円で購入が可能でした。ただし、そんなおカネはありません。すると、兄が「株式会社にすればおカネを借りられるぞ」と言うので、『カバでも分かる経済入門』を再び読んで調べてみると、資本金のほかに負債といって借金もできるそうです。例えば、3 人が 20 万円ずつ出し合って 60 万円の資本金で、銀行から 40 万円借りられるとしたら、購入可能ではありませんか！ これを「貸借対照表」で順に追ってみましょう。

資本金60万円で会社設立

資産(現金)	資本金
60万円	60万円

銀行から40万円借り入れる

資産(現金)	資本金
☐万円	60万円
	負債
	40万円

たこ焼き器を70万円で購入

資産(現金)	資本金
☐万円	60万円
たこ焼き器	
☐万円	
	負債
	40万円

資産というのは持っているものであり、タコのように毎回買わなければならない費用ではないので損益計算書にそのままの金額では記載されません。ただし、たこ焼き器もだんだんと古びて最終的には価値がなくなるので、その価値の目減りを減価償却費というかたちで費用計上します。ここでは償却期間を 5 年とするので、1 年当たりの償却費は 14 万円です。これまでのデータを元に 1 年の損益計算を想定してみましょう！ 平日営業（240 日／年）で、1 日の売上は 10 万円とします。

売上 2,400万円

材料費(原価)
480万円

材料費 ＝ ☐万円 × ☐日 ＝ ☐万円

場所代 ＝ ☐万円 × ☐日 ＝ ☐万円

人件費 ＝ ☐円 × ☐日 × ☐時間 × ☐人 ＝ ☐万円

減価償却費 ＝ 70万円 ÷ 5年 ＝ ☐万円

合計 ＝ ☐万円

Q. さて、このたこ焼き屋さんは儲かると思いますか？

財務諸表をつくる理由

この時限は、ドリルを解いてみましょう。お配りしたこのプリントを見てください(P.036)。

1時限目で、会社という組織の必要性や仕組みが理解できたところで、このドリルを使っておカネの情報から、会社の状況や状態を把握する方法を学んでいきたいと思います。

会社は法律で決められた書類を、最低でも年に1度はまとめて株主と国に出さなければなりません。なぜだか分かりますか?

> 株主や国は会社の情報を集めたいから?

そうなんですが、国は何のために集めたいのでしょうか? かなり欲望が関係している動機なんですが(笑)。

> おカネ、税金が欲しいから。

そうです。法人の場合は規模によっては特例があったり、法人税率、事業税率、住民税率の3つの率を使って算出する複雑な仕組みがとられているので分かりにくいんですが、だいたい利益の40%が税金として国と地方自治体に収められます[1]。

1年に1度、1年分の活動で動いたおカネの情報をとりまとめた「納税申告書」を作成し、「財務諸表」という書類とともに税務署に提出しなければなりません。この1年に1度、情報をとりまとめることを「決算」[2]といいます。そのため、財務諸表は「決算書」とも呼ばれるの

ですが、大きくは4種類の書類で構成されています。

その4種類とは、キャッシュ・フロー計算書（C／S）、損益計算書（P／L）、貸借対照表（B／S：バランスシート）、株主資本等変動計算書(S／S)です。

このうち特に重要な、キャッシュ・フロー計算書、損益計算書、貸借対照表の3つについて、それぞれどんな意味があるのか？　どんなふうに役に立つのか？　ということを勉強していくのがこのドリルの目的です。

> **1　税金の算出方法と税率の比較**
>
> 「法定実効税率　＝〔法人税率×（1＋住民税率）＋事業税率〕÷（1＋事業税率）」となっており、財務省統計資料によると、2010年現在の日本の法定実効税率は39.54％である。これは、米国とほぼ同水準であり、フランスの34.43％、ドイツの30.18％、イギリスの28.00％、韓国の24.00％などと比較すると、高い水準である。
>
> **2　決算とは**
>
> 決算とは、一定期間の収入・支出を計算し、利益または損益を算出することである。企業だけでなく、国・地方公共団体においても決算を行うことが法律で定められている。これらは決算案として取締役会にかけられ、あらかじめその承認を得たものである。決算期は日本の場合は自由に設定できる（中国では12月のみ）が、一般に3月が多い（上場企業の80％以上）。

キャッシュ・フローをドリルで理解しよう

まずは、キャッシュ・フローにまつわるドリルを解いて、説明していきましょう。

皆さんの身の丈に合った規模や形態として、たこ焼き屋さんを起業するストーリーを想定して、進めていきたいと思います。

友達と3人で、大学正門前の空きだらけの駐車場でたこ焼き屋さんをやってみようと盛り上がります。学園祭があるので、その期間に合わせて出店してみることにしました。

早速、必要なおカネを調べてみると、次のようなことが分かりました。ここは、ドリルの最初の部分ですね。

> かかるおカネを調べると、たこ焼きの材料は総額20万円(ただし支払いは閉店後、初日に2割・4日目に4割・最終日に4割)、たこ焼き器のレンタル代が総額50万円(ただし支払いは閉店後、準備期間に1割・4日目に6割・最終日に3割)でした。

たこ焼きの材料やたこ焼き器のレンタル代など、かかるお金が分かりました。支払いに対しては、2割とか4割とか、分割支払いのルールが決まっています。

開店してみると、立地がよかったこともあって、毎日10万円、総額100万円が売れました。すごい!

3人は、おカネを巡って後でグチャグチャになり、もめるのがイヤだったので、ちゃんとメモをとっていました。それがこの表です。

	準備期間	初日	2日目	3日目	4日目	5日目	6日目	7日目	8日目	9日目	10日目
売上	万円	万円	万円	万円	万円	万円	万円	万円	万円	万円	万円
材料費	万円	万円	万円	万円	万円	万円	万円	万円	万円	万円	万円
たこ焼き器レンタル代	万円	万円	万円	万円	万円	万円	万円	万円	万円	万円	万円
小計	万円	万円	万円	万円	万円	万円	万円	万円	万円	万円	万円
累計	万円	万円	万円	万円	万円	万円	万円	万円	万円	万円	万円

空欄の部分を埋めてみましょう。マイナスのときはマイナスをつけて、数字を入れていってください。

まず、準備にいくら必要でしょうか？

5万円ですね。

そうですね。レンタル代の総額50万円の1割です。
では期間中に、いつ一番お金が減りますか。

4日目で、7万円マイナスになります。

	準備期間	初日	2日目	3日目	4日目	5日目	6日目	7日目	8日目	9日目	10日目
売上		10万円	10万円	10万円	10万円	10万円	10万円	10万円	10万円	10万円	10万円
材料費		-4万円			-8万円						-8万円
たこ焼き器レンタル代	-5万円				-30万円						-15万円
小計	-5万円	6万円	10万円	10万円	-28万円	10万円	10万円	10万円	10万円	10万円	-13万円
累計	-5万円	1万円	11万円	21万円	-7万円	3万円	13万円	23万円	33万円	43万円	30万円

そうなんです。まだこの時点では手持ち資金が伸びていなくて、7万円マイナスとなります。このときは3人でマイナス分を持ち寄るか、誰かに借りるかして乗り切らないとね。このように商売では、毎日売上を上げていたとしても、ある段階で支払いが必要になってマイナスになったりします。

こういったおカネの出し入れと、今いくら持っているかを確認できるのがキャッシュ・フロー計算書です。皆さんに一番分かりやすく言うと、小遣い帳、あれと一緒です。キャッシュ・フローというのは、その名の通り、おカネの流れを意味しています。キャッシュ・フロー計算書の仕組みは非常にシンプルで、おカネが入ったり出たりするのを時間ごとに記録していくものです。

黒字倒産が起こるワケ

　このキャッシュ・フロー計算書が、どうして大事な「財務諸表」なのかを考えてみましょう。

　実は、この後に損益計算書を埋めていくと、より理解が深まるんだけど、会社って利益が出ていてもつぶれるんです。毎年ずっと黒字だったけど倒産した、という会社も多いんです。建築分野の皆さんに言うのもなんですが、不動産・建築関係の企業はこの「黒字倒産」が比較的多い業界だと思います[3]。

　どうしてそういうことが起きるかというと、このキャッシュ・フローがとても深く関わっているんですね。

　例えば、不動産の開発を考えている業者が、あるタイミングで3億円の土地を買うとしましょう。全部自社のお金で買えるならよいのですが、足りなかったので6カ月間、2億円を借りました。この不動産業者は「買った後で絶対5億円で売れるんだ」という想定でおカネを借りていました。後で説明しますけど、これは借りているだけなので、赤字ということとは違うんですね。

　さて、実際に売れれば2億円の利益になるわけです。でも6カ月後にもこの土地が売れていないと大変なことになりますね。借りた2億円を返さなければいけない。じゃあ利益度外視で、自分の1億円も投げ打って2億円でも買い手がいないとどうなりますか？

　どうしようもなくなる…。

　そう、借りた2億円を返せなければ、会社はつぶれてしまいます。これが黒字倒産です。要はキャッシュの流れのなかで、足りなくなるという「ショート」が起きてしまう。資金ショートです、おカネのショート。例えば、誰かにおカネを払わなければいけない、人件費を払わ

なければいけない、といったタイミングで、黒字倒産が起きます。

キャッシュ・フローってすごく当たり前のことのように見えるんだけど、非常に重要です。

会社の分析をしたりするときには、この後に勉強する損益計算書や、貸借対照表のほうが頻繁に使われるのですが、損益に意識が行きすぎてキャッシュが回らないと大変なことになります。ここで「回る」というのは、出て行くおカネを入ってくるおカネで補っていけるということ。「資金繰り」というのも同じ意味ですね。

うまくキャッシュを回している会社でも、キャッシュ・フローを分析して借りていたものを早く返して無駄な金利を払わなくてすむようにする、とか、今では為替の変動による価値の上下があるので、国際的な事業をしている会社では、どの国の通貨でどれくらい持っておくかを検討する[4]、とかいろんな方法でコストを下げたり、リスクを下げたりします。

とにかく、こうしてやってみると簡単で、「おカネの流れ」がつかめます。たいていの商売のキャッシュ・フローも、これと同じような感じです。内容がたこ焼き屋さんよりも複雑なだけ。

---

[3] 不動産・建築関係企業に多い黒字倒産

帝国データバンクによると、2008年度はリーマン・ショックの影響で上場企業の倒産件数が45件と急増。そのうち黒字倒産が21件であり、不動産関連が23件と約半数を占めた。

[4] グローバル企業のリスク対策

国際的に事業を展開しているグローバル企業では売上の目減りや原材料の高騰などの為替リスク対応はもとより、国ごとの税法の違いを活用してグループ全体の税率を下げるなどの経営手法が駆使されている。

ある期間の成績を表す損益計算書

 次に、損益計算書です。
 さて、このたこ焼き屋は儲かったと思いますか？ 皆さんの計算がうまくいけば、30万円が手元に残っていると思うんですけど。果たして本当に儲かったといえるのでしょうか？
 会計では、儲け、つまり利益が出たかどうかを計算するドキュメントを損益計算書と呼びます。このたこ焼き屋さんの10日間の実績をもとにして、今後開業する場合の計画を立ててみましょう。実はこのとき、かかる費用の項目で忘れているものがあるんです。それは何でしょうか？

> 場所代？

 そうですね。少し引っかけ問題のようですが、本来は場所代がタダじゃないんですよね。あとは？

> 働くヒトのおカネが入っていない。

 その通り！ お店って、まず場所・ヒトありきです。この学生たちは自分の人件費を忘れていたんですね。学園祭ですごく楽しいからやってたけど、冷静になってみると、人件費がないのにずっと楽しくやれるわけがない。それで、このふたつを入れなきゃいけない。
 ということで、場所代について駐車場のオーナーに交渉してみると、1日1万円でいいということになりました。労働対価については、時給750円で3人が毎日8時間働こうという条件になりました。この条件で、計算をしてみましょう。ドリルの、この部分ですね。

売上 100万円			
材料費(原価) 20万円	レンタル代 50万円		

　普通は1カ月とか1年の期間で損益計算をするんですけど、ここは文化祭のときと比較するために10日間で計算してもらいたいと思います。

　10日間でいくら利益が出てますか?

　2万円。

売上 100万円				
材料費(原価) 20万円	レンタル代 50万円	場所代+人件費 28万円	利益 2万円	

　そう、たった2万円です。しかも時給750円で。これぜんぜん儲かんないよね、ということが分かりました。

　損益計算書はたいてい初めに売上があって、その後に原価があります。この例でいうと、原価はタコや粉などの材料ですね。売上と原価の差が「粗利」とも呼ばれる売上総利益となります。この場合、80万円。これはまあ悪くない数字ですね。

　そして、「管理費」と言ったりするんですけど、人件費や場所代といった固定費の費用が続いていきます。

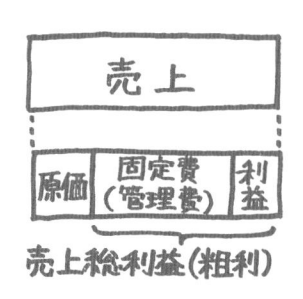

2時限目　たこ焼き屋さんの財務諸表　045

それらを先ほどの営業利益からマイナスしていき、損しているのか・利益が出ているのかを算出するという仕組みになっています。人件費や場所代は契約に定められた金額で、商売がどうなろうと出ていくコストなので、固定費です。一方、この場合の原価である材料費は売上と連動して変化するので、変動費といいます。そんなに難しくないですよね。掛け算と割り算がちょっと出てくるだけで、ほとんどが足し算と引き算。これが損益計算書です。

ある瞬間の状態を表す貸借対照表

次、貸借対照表。1時限目で話した、資本とは？ 資産とは？ 負債とは？ という話なんですけれども。

ちなみに、ぜんぜん儲からないじゃないですか、このたこ焼き屋さん。

損益計算をしてみて気づくのは、たこ焼き器のレンタル代がすごく負担になっているいうこと。実際に売上100万円に対して50万円も外に出てしまう。これは痛いですよね。毎日営業するので、レンタルでなくて購入するなら70万円で買えます、ということが分かりました。

ただし、学生3人が割り勘で、いきなり70万円のたこ焼き器を買おうとしてもさまざまな問題があります。

まず当たり前ですが、おカネそんなにあるの？ ということ。

あと、誰のもの？ ってこと。

例えば、ひとりが留学して、たこ焼き屋を続けることが難しくなったら、たこ焼き器の3分の1を所有している分はどうなるのか、とか。

さて、ここで例の、あの仕組みが役に立つわけですよ。

株式会社ですか？

　そうです！　有り金を資本にして会社をつくり、その法人がおカネを借りれば、たこ焼き器を買うこともできるし、3人の間で物質的なモノの所有権でもめないですよね。持つのは株式だけ。

　この場合、ひとり20万円なら出せるということで、トータル60万円の資本金で会社を設立しました。

　さて、このような状態を貸借対照表で表してみましょう。

　ポイントは、貸借対照表はバランスシートとも呼ばれ、左右が常に均衡する、絶対に釣り合うということです。

　貸借対照表の右側には資本金60万円、左側には資産である現金60万円を記載します。

　おカネ60万円は同じものですが、ふたつのことを同時に記録する「複式簿記」のルールで、このように状態を表すことが決まっているんです[5]。

資本金60万円で会社設立

資産(現金)	資本金
60万円	60万円

　このように資本金を元手に、60万円の現金を持っています。

　で、銀行にこのたこ焼き屋さんの話を持っていったら、「いい立地なのに安く借りられるんですねー」とか評価してもらいます。特に学園祭での販売実績が銀行マンの判断に対するよい材料となり、おカネを貸してもらえることになりました[→ 融資 (P.054)]。40万円借りることができたとして、負債額は40万円。

2時限目　たこ焼き屋さんの財務諸表

資本金60万円で会社設立	
資産(現金)	資本金
60万円	60万円

銀行から40万円借り入れる	
資産(現金)	資本金
100万円	60万円
	負債
	40万円

　これが、2回目の貸借対照表です。

　借りたおカネを資本金の下の負債のところに入れ、そのぶん資産が60万円＋40万円の100万円になりますね。

　次に、たこ焼き器を購入し、手元に少し資金が残りました。

資本金60万円で会社設立	
資産(現金)	資本金
60万円	60万円

銀行から40万円借り入れる	
資産(現金)	資本金
100万円	60万円
	負債
	40万円

たこ焼き器を70万円で購入	
資産(現金)	資本金
30万円	60万円
たこ焼き器	
70万円	負債
	40万円

　資産の部分が変化して、70万円のたこ焼き器と現金30万円となります。

　このように、左側は全部資産です、常に。右側は、資本と負債。というのが、貸借対照表の構成です。負債がなければ、右側は資本だけの場合もあります。

　先ほど説明した損益計算書(P.044)は「ある期間の成績」でしたが、貸借対照表は「ある瞬間の状態」なんですよ。ある瞬間に、何を持っているのか、何を返さなければいけないのか、そうした会社の状態を見ることができる。

損益計算書と貸借対照表があると、けっこう分かるんですよ。会社の置かれた経営の状態が。

ここでもうひとつ、大事なことをお話しします。
たこ焼きの材料は出てきましたが、たこ焼き器はなぜコストにならないのか。

繰り返し言いますが、資産というのは持っているモノですよね。すでに持っているのだから、コストではないんです。買いましたよ、って言うとコストに思えるけど、例えばこの場合は、現金という資産をたこ焼き器という資産に置き換えただけなので、損益計算書には出てこないのです。また負債も、損益計算書のコストにはなりません。金利のみ、損益計算書のコストになります。

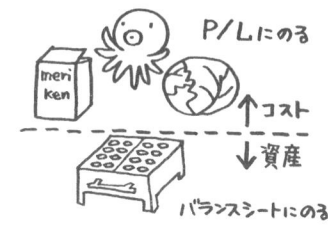

株主などの関係者は、その会社が経営に活用できるどんなものを持っているのかを正確に把握したいので、資産の内訳や金額を記載した貸借対照表をつくる必要があるのです。

ちなみに設計費についてはクライアント側が、建築物とセットで資産に計上します。設計の業務委託費なんですけど、「その建物を建てるときにそのデザインが必要で、それは建物と一体の価値なんです。この建物にはそのフィーの金額も含まれるんです」として、資産にすることができます。

---

5 複式簿記

簿記とは、企業や家計などの経営主体の経営活動を、ルールに基づき会計帳簿に記録・計算していく手続きをいう。簿記には、単式簿記と複式簿記があるが、一般に「簿記」といった場合には複式簿記を指す。複式簿記とは、取引の二面性に着眼して、すべての取引を、資産、負債、資本、費用または収益のいずれかに属するデータとして記入する仕訳（しわけ）と呼ばれる手法により記録していき、組織的に記録・計算・整理することをいう。

資産の価値が下がっていくという減価償却

さて、貸借対照表はその会社が何を持っているかという状態を表したものだと言いましたが、ここで少し想像してほしいことがあります。

もしこの会社が100年間経営し続けた場合、100年後の貸借対照表はどうなっているのでしょうか？

買ったたこ焼き器が100年後も70万円だとしたら、そのときの会社の状態を正確に表せない気がしませんか。そんなビンテージなたこ焼き器はきっと壊れて、使えなくなっていますから。

そこで考えられたのが「減価償却」という方法です。これは資産の価値の目減りを想定された期間で計算し、損益計算書では費用としてマイナスし、貸借対照表上にある資産の額からマイナスしていくことです。想定された期間が終わると、最終的に貸借対照表上のこの資産の価値はゼロになるんです。

価値がなくなる期間に関しては、もう決まった会計の処理の方法なので、割り切るしかありません。資産の種類ごとに、例えば木造建築は17年、フォークリフトは4年というふうに決まっています[6]。

コストに計上されることがいいのか、資産に計上されることがいいのかというのは、その会社によって異なります。「なるべくコストとして落としたい」という会社もあります。なぜかというと、時に会社は節税[7]のため利益を圧縮したいからです。ただし、もうお分かりだと思いますが、現金はなくなります。現金が購入した資産に入れ替わるか、現金という資産がコストとして外に出てしまうかのどちらかだからです。

6 耐用年数

耐用年数とは、減価償却資産が利用に耐え得る年数をいう。長期にわたり反復使用に耐え、経済的に価値があるものの使用または所有の価値の減価を、各年度に配分していく減価償却計算の基礎となる。法人税法上では「資産の種類」「構造」「用途」別に法定耐用年数として詳細に定めている。

7 節税

節税の種類は次の4つに大別される。
1. 資金を出さず税金を減らす方法（固定資産の購入時の税金免除の特例など）
2. 資金を出さず税金を先送りする方法（通常の減価償却費のほかに、翌期以降の減価償却費の前倒しとして特別減価償却費を計上するなど）
3. 資金を出して税金を減らす方法
   （支払った経費以上に税金は安くならないが、決算前に備品を購入するなど）
4. 資金を出して税金を先送りする方法（解約返戻金のある生命保険への加入など）

損益計算書から儲けを想定してみる

さてこのケースの場合、たこ焼き器の法定耐用期間が5年と決まっていたら、70万円を5年で割って、1年当たり14万円。たこ焼き器の価値はそれだけ減っていくので、その分を損益計算書で費用として計上します。

というわけで、1年間の損益を想定して計算しましょう。平日営業で月20日間やっているというので年間240日の売上は、1日10万円として、2,400万円となっています。売上はこれで確定。この場合は借入返済[8]のことは忘れてしまいましょう。借入金40万円の返済額なんて、返済期間が5年であったりすれば、全体のなかでは小さい数字なので。

材料費は2(万円)×240(日)＝480万円、場所代は1(万円)×240(日)＝240万円、人件費は750(円)×240(日)×8(時間)×3(人)＝432万円。これらに減価償却費14万円も足して、コストの合計は1,166万円ですね。これを売上の2,400万円から引き

ます。思っていたよりも簡単でしょう？　というわけで利益が出ました。1,234万円です。

　しかもですね、この3人は結構頭がよくて、自分たちが毎日店に立たなくてもいいよな、と気づいたわけです。バイトを雇えばいいんだ、と。そうすると、この3人の会社はなんと、ほとんど何もしないで年間1,234万円儲かってしまうのです。

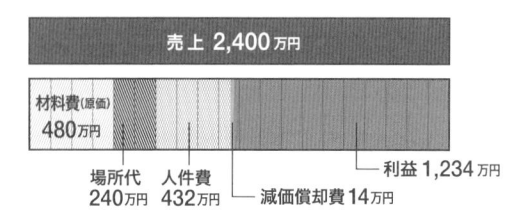

```
売上 2,400万円

材料費(原価) 480万円
場所代 240万円
人件費 432万円
減価償却費 14万円
利益 1,234万円
```

これが投資と経営ですね。
ちょっと面白かったでしょう？　ワクワクしませんか？

　もちろん、おカネがすべてでは決してありませんし、あまり儲からないけど意義のある仕事や自分が手を動かすことが楽しい仕事もあります。ただ、新しい価値を提供したり、生活をよくするためにリスクを冒して価値提供した人には、その評価を受けた分としてお金が儲かるべきですよね。頑張って成果を挙げた人が正当な評価を受ける世の中は、よいと思いませんか。

　さてさて、このたこ焼き屋さんは、本当にこれだけ儲かると思う人？
　…反応が薄いね。そう、儲かるとは限りません。例えば何があるかな、儲からない理由は？

🙂　天候でしょうか？

そう、天気が悪いと売上は伸びないね。ビジネスで一番難しいのは売上の見込みが立たないこと[→ **売上予測とベンチマーク (P.054)**]。一方、費用などはコントロールが利くんです。

正直言って、このドリルでやったたこ焼き屋さん、絶対こんなに売上は上がらないですよ。基礎となるデータが、学校が一番盛り上がっている学園祭のときの売上ですから。このときは学校の外の人までたくさん来ています。でも、平日はそうじゃないですよね。しかも学校が長い期間休みのときもある。そういう日はきっと営業する意味はないでしょうね。

どんなビジネスでも売上がなければ成り立ちません。品質や値段、早さなど本当に求められている価値の提供を実現できないのであれば、商売は難しいでしょう。

というわけで、以上が会社を判断するために非常に役に立つ、財務諸表の説明と実践的に理解するためのドリルでした。

おさらいすると、おカネの出入りを示すのがキャッシュ・フロー計算書、ある期間の損益の成績表が損益計算書、ある時点で何を持っているかの状態を示すのが貸借対照表です。

これらを把握できるスキルを持っていると、新聞の経済欄を読むときにその理解度が変わるだろうし、身近なところでもきっと役に立つと思います。

---

8 借入返済

銀行から融資を受ける場合、返済方法にはいくつかのパターンがある。期日一括返済とは、返済期限の日に、全額一括で融資を返済する方法。分割返済とは、一定の期間ごとに、融資金額を分割して返済期限までに返済することである。これには元金均等返済と元利均等返済とがあるが事業融資においては、ほとんど元金均等返済の方法が使われる。元金均等返済とは、毎回同じ金額の元金にローン残高に対する利息を加えた金額を返済する方法である。また据置期間という、利息のみ返済し元金は返済しない期間を設ける場合もある。

TOPICS 01

融資

金融機関から融資を受ける際には、事業リスクや債務者である会社の実績・規模などに応じて借り入れられる金額や金利などが決まる。また、万が一の回収リスクに備えて、債務者ならびに役員個人の所有している財産に担保設定したり、代表取締役などを連帯保証人にすることも多い。一般に融資目的である単体事業がうまくいかなくなった場合でも、債務履行に至るまで借り手はほかの事業部門の資産などを処分してでも弁済しなければならない。それに対して「ノンリコースローン」という貸付方法の場合、借り手は債務全額の返済責任を負わない。債務者の保有する特定の事業や資産から生ずる収益のみを返済原資とすること、その範囲を超えての返済義務を負わないことから、原則として保証人を必要としない。

TOPICS 02

売上予測とベンチマーク

売上を予測するにはパラメータに想定値を入れて試算を行う。例えば、飲食店であれば席数・単価・回転率というパラメータのそれぞれに想定値を入れて求める。この方法でもっともらしく計算されていても正確性に欠けるので、ベンチマークとして同じような環境下に置かれたプレイヤーの実績値を参考に組み立てる場合が多い。参考にできる競合がいないようなまったく新しい事業では、経験値・ヒアリングなどのデータをもとに売上の積み上げを詳細まで分析すべきである。空間での売上予想を実施する場合には商圏分析などを行うが、都市開発やインターネットの普及など、人の流れや消費活動が大きく変化がしており、中長期に渡る正確な収支計画を立てるのは非常に難易度が高い。供給サイドからの視点のみならずユーザー側の立場で利便性・ライフスタイル・時間の使い方など、消費者の行動を予測することも重要である。ひとことで競合といっても近隣店舗や大型店だけでなく、ネットショップや通販サイトが競合であることの意識も必要となっている。

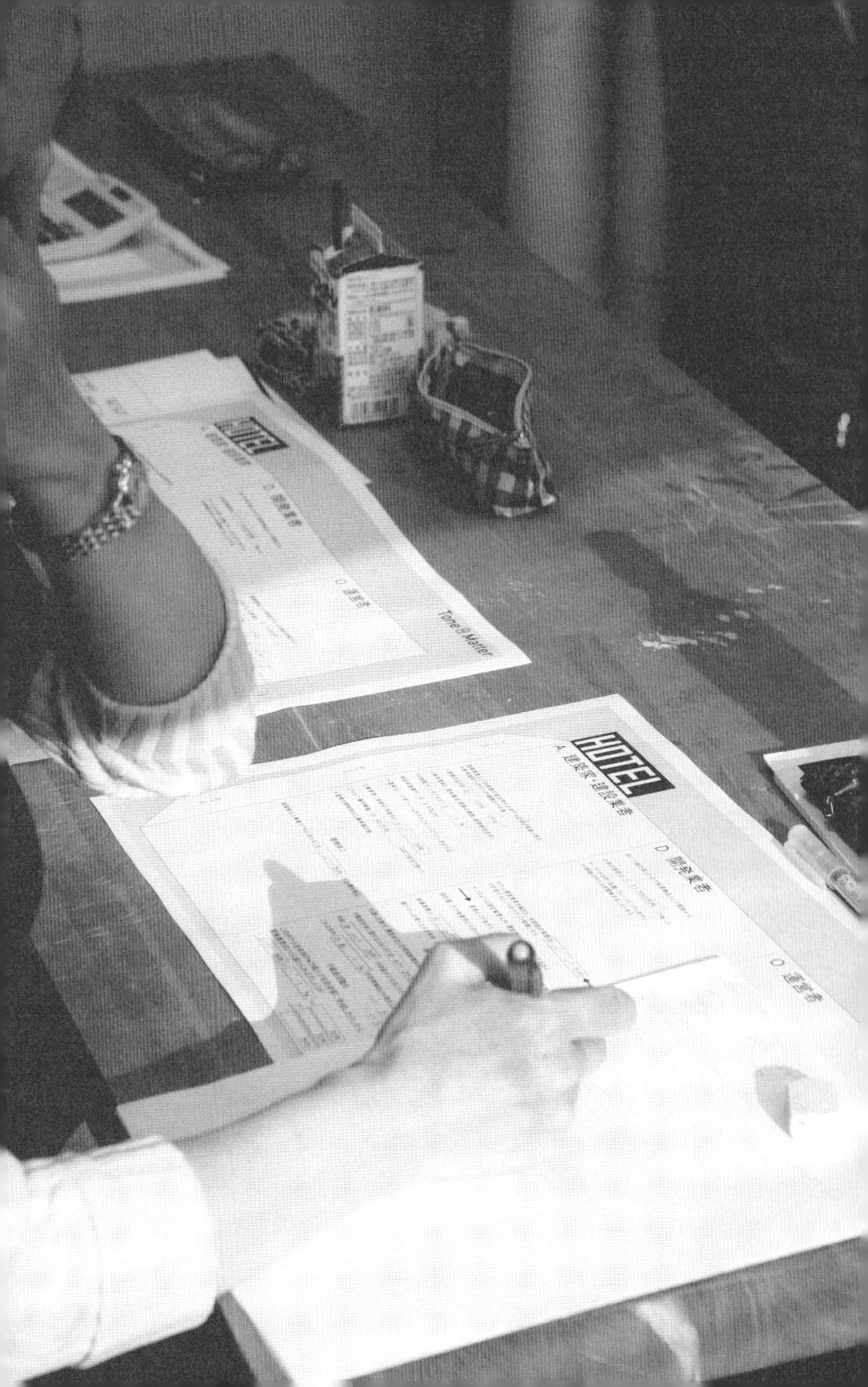
HOTEL
A. 建築家・建設業者
D. 開発業者
O. 運営者
Tone & Matter

PHOTO：Cheryl Ann Quigley / Shutterstock.com

リスクとリターンといえば、競馬。どれだけ投資して回収するかのせめぎ合い。空間づくりも経済活動のなかでは、リスクとリターンで捉えることができる。

3 時限目

空間のリスクとリターン

この時限では、経済的な観点から建物やモノづくりを捉えてみます。おカネをかけて空間をつくることには、経済活動でいうリスクとリターンの関係によく似た関係が潜んでいます。どのような相関関係があるのかをみていきましょう。

また、投資と回収で生じる利回りによって、不動産の価値が評価されるようになったことについても学びます。空間に関係するリスクとリターンを正しく把握することで、空間づくりに関わる意識やモチベーションが変わっていくことでしょう。

投資・回収の構造

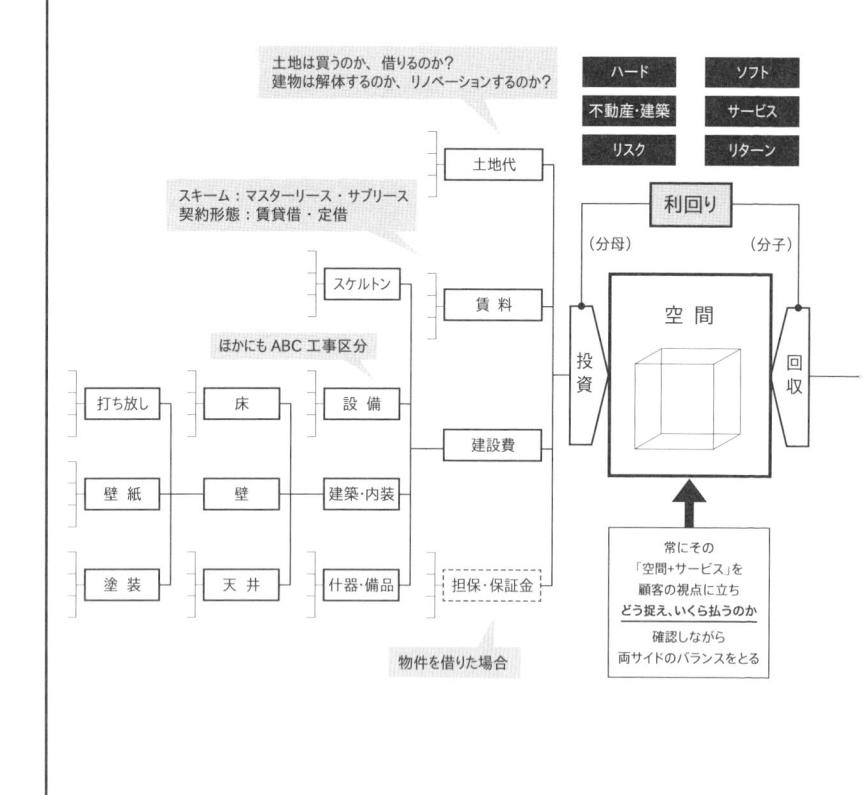

土地は買うのか、借りるのか？
建物は解体するのか、リノベーションするのか？

ハード	ソフト
不動産・建築	サービス
リスク	リターン

スキーム：マスターリース・サブリース
契約形態：賃貸借・定借

ほかにも ABC 工事区分

- 打ち放し — 床 — 設備
- 壁紙 — 壁 — 建築・内装
- 塗装 — 天井 — 什器・備品

- 土地代
- 賃料 ─ スケルトン
- 建設費
- 担保・保証金

物件を借りた場合

利回り

（分母）　（分子）

投資 ─ 空 間 ─ 回収

常にその
「空間＋サービス」を
顧客の視点に立ち
どう捉え、いくら払うのか
確認しながら
両サイドのバランスをとる

建物の場合の投資・回収の構造を図式化したもの。
空間をハード／ソフト、不動産・建築／サービス、リスク／リターンの関係で捉える。

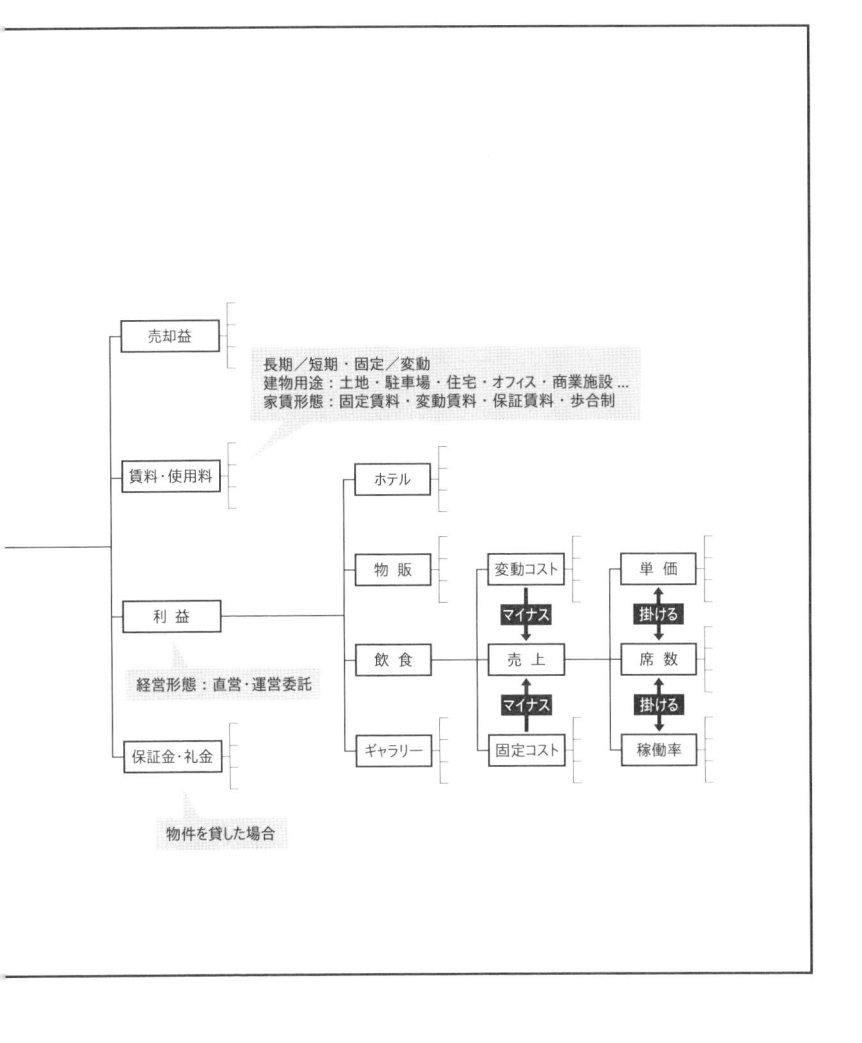

- 売却益
- 賃料・使用料
  - 長期／短期・固定／変動
  - 建物用途：土地・駐車場・住宅・オフィス・商業施設…
  - 家賃形態：固定賃料・変動賃料・保証賃料・歩合制
- 利益
  - 経営形態：直営・運営委託
  - ホテル
  - 物販
  - 飲食
  - ギャラリー
    - 変動コスト －マイナス→ 売上 ←マイナス－ 固定コスト
    - 単価 ×掛ける 席数 ×掛ける 稼働率
- 保証金・礼金

物件を貸した場合

3時限目　空間のリスクとリターン　059

空間をリスクとリターンで捉えると

　この時限では、今まで学んできたおカネの仕組みを、モノづくり、特に空間に置き換えるとどうなるかを考えていきたいと思います。

　現代に存在している空間は多かれ少なかれ「つくられたもの」もしくは「あえてつくらないように維持されるもの」といえるでしょう。

　空間は誰かがつくらないとそこにないわけで、誰かが何らかのおカネをかけてつくったはずですね。もちろん、太古の洞窟などは、おカネというより労働時間をかけて生命の維持や宗教儀式のために掘ったり整えたりしたのでしょうけど。

　「つくらないように維持される」というのはどういうことですか？

　例えば、国立公園などはそうですね。自然環境を保持する、景観を保全するなど、そうしたところです。このような公共性の高い場所は、事業性が低く、民営化できない特別な場所ですね[1]。もちろん、その管理運営を民間企業に委託できる場合もありますが、それはあくまで管理維持を目的としたものです。

　私たちのまわりにあるほとんどの空間はあえて、おカネをかけてつくられたものですから、そこには金銭的な価値があるはずです。不動産業者的な立場でいうと、土地や建物にいくらの値段がつくのだろうかということです。おカネをかけて場所をつくり、それに価値があるならば、賃貸で借したり売買したりと、顧客にその空間を提供します。

　皆さんも気づいたかもしれないけど、この「おカネをかけて価値を生み出して提供し、その対価を受け取る」という行為は、これまで

の時限で学んできた「リスクとリターンの関係」と同等なわけです。

さて、この行為にデザインなどのモノづくりが導入されると、どうなるのでしょう?

お配りしたプリントを見てください(P.058)。ここでは概念的な、投資回収の構造の図式を挙げてみました。建物の場合は、それ自体がおカネを生み出す装置となることが多いので、この図式のような構造で説明がしやすいです。

デザインされることで価値になるモノとしては、プロダクト製品がイメージされやすいですが、その場合のリターンはたいていの場合、販売行為によって得られます[2]。もちろんプロダクトであっても、例えばジャンボジェット機や電車のように乗客稼動が必要な乗り物の場合、長期にわたり運用し、経済的リターンとして得ることもあります。

[1] 公共財

公共財とは、公園や道路など共同で利用または消費される財のこと。経済学では「非排除性あるいは非競合性の少なくとも一方を有する財」として定義される。非排除性とは、一部の人に限定して提供しようとしてもそのほかの人も利用・消費することができ、物理的・コスト的に排除することができないこと。非競合性とは、消費者あるいは利用者が増えても追加的な費用が伴わないという性質。一部の人で消費されたり専有されてしまう私財は、ほかの人は利用・消費できず競合性を持つ。公園は、誰もが(=非排除性)おカネを払わないでも使える(=非排他性)ので公共財といえる。

[2] プロダクトのリスク・リターン

プロダクトの場合は、原材料のロットや製造工程における金型などの投資が必要になるので、一般的に一定の販売量を超えないと投資回収できないことが明確である。この販売量というリターンに関してデザインが担う責務も明確である。建築の場合は、空間は大量流通することなく基本的に一品生産のユニークなもので、立地・内容などの条件も家賃や稼働といったリターンの効率に影響するため、デザインが回収にどれくらい貢献したかが分かりにくい。

投資と回収のモデルの具体例

　ここで少し、建築・不動産における投資と回収のモデルのパターンを考えてみましょう。

　まず、空間を扱うビジネスの場合の投資(リスク)とは、モノをつくるためにかかる金額です。会計上はそのほとんどが貸借対照表(バランスシート)にのるもので、その総額における大きな比率を占めるのが土地と建物になります。土地の入手方法には買う・借りる、建物を得るには新たに建てる・改装・リノベーション・コンバージョンなどの方法があります。

　あとは、内装や家具備品が必要ですね。これらはいわゆるハードの要素なので、わりとイメージがしやすいですよね。これ以外に、設計者にとっては生死に関わるものがあるのですが、分かりますか?

　　設計料でしょうか?

　そうです。モノをつくるために必要なノウハウなどにかかるおカネも計上が必要です。設計やインテリアのデザインフィー、エンジニアリングに必要なコンサル料に加えて、土地に関わる仲介料やコンサル料も含まれます。建物に関わるものは工事代として、土地に関わるものは土地の取得価額として扱われます。

　次に、回収(リターン)とは、その空間が生み出す収入です。
　これには事業主体の関わり方によっていくつかのパターンがありますが、ザックリ分けると次の3つになります。①売る、②貸す、③自ら経営・運営して利益を出す。
　①の土地や建物を売却する場合は、シンプルです。かかった金額と同じ額で売れたら投資回収完了となり、それより大きな額で売れ

たら、投資回収に加えて利益を手に入れられます。もし、投じたおカネより安くしか売れない場合は損が出ます。

②の土地や建物を貸す場合は、家賃の累計がかかった金額を越えた時点で投資回収完了となります。

③の自ら経営・運営するというのは、ホテルや店舗、レストランのようなサービスの提供を行う空間をつくった場合です。それらの商売で得た利益の累計が、かかった金額を越えた時点で投資回収が完了します。

こうした投資と回収のモデルは以下のように関係者が増えることがあり、そのぶん少し複雑になります。

「ひとつの空間におカネを投じて土地や建物を所有している主体」と、「空間でサービスを提供し対価を売り上げて利益を出す主体」と、「実際に現場で運営にあたる主体」の主体が同一である場合や、このうちのふたつもしくは3つを別の主体が契約を交わし、連携して行う場合があります。

例えば僕がプロデュースしたホテル「CLASKA」(P.138参照)の場合は、「建物のオーナー」と、「それを借りてリノベーションの工事費を負担し、旅館業法を申請して経営にあたったU社」「スタッフを雇用して現場の運営にあたったT社」が協業しました。オーナーとU社との間には賃貸借の契約、U社とT社との間には業務委託契約が交わされました。このプロジェクトでは、U社がリノベーションの投資をし、運営をT社に委託するスキームでした。

3時限目　空間のリスクとリターン

このように先ほどの、②貸す、③経営・運営には、関係する各者の投資の有無と契約形態によって多様なパターンがあります。

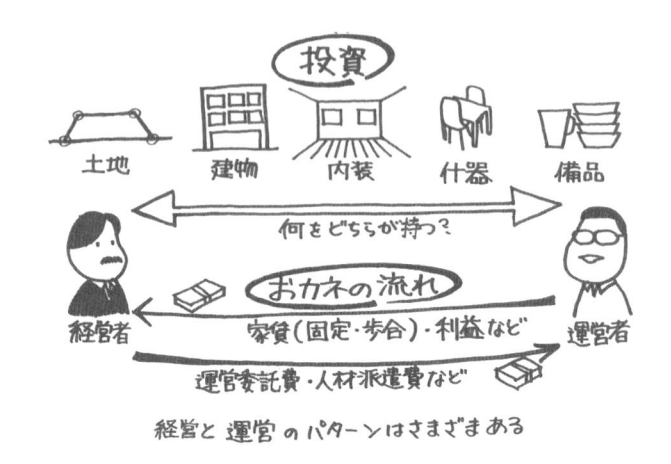

投資
土地　建物　内装　什器　備品
何をどちらが持つ？
おカネの流れ
経営者　家賃(固定・歩合)・利益など　運営者
運営委託費・人材派遣費など
経営と運営のパターンはさまざまある

利回りで不動産の価値は見直された

　「投資した額に対して、1年間でどのくらいの収入を得ることができるか」を利回りといいます。
　先の図式（P.058）で、「投資」と「回収」を結んでいる部分ですね。利回りは、左側の「投資」で、右側の「回収」（1年分）を割った率です。式にすると、年間収入÷投資金額×100(％)となります。
　さてこの利回りというものとは皆さんも日常的に関わっているんですが、何だと思いますか？

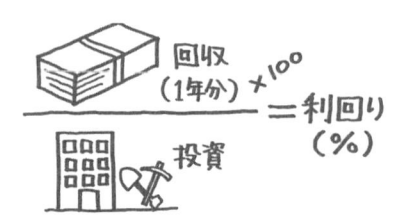

回収(1年分)×100 / 投資 ＝ 利回り(％)

🤔　ローンですか？

　えっ、ここにいる皆さんが全員、借金を抱えているんですか？確かに借りる側としての利子もあるかもしれませんが、むしろ逆の話題です。

　ここにいる全員が、銀行などの金融機関におカネを預けていて、利息をつけてもらっていますよね。本当に低い利息[3]ですけど。どこかに置いておくおカネが年間で何％増えるのか。それが年間利回り、年利です。もっと分かりやすくいえば、100万円を預けたら年間何万円利子をもらえるのかが、年利です。

　次の4時限目でドリルを用いて詳しく学びますが、実は投資回収の利回りも同じようなものなんです。つまり、不動産も金融商品と同じような扱いで投資することが可能なんですね。こうした手法で、本来動かない「不動な産物」である不動産を流動化することで、その投資や開発のあり方に変化がもたらされました。

　このような利回りという指標を使って不動産の価値を見直すことが一般的に始まったのは、ほんの数十年前の話です。それまでは、土地や不動産は市場での取引価格をもとに、多くの場合が感覚的に取引されていました。この利回りという概念が出てきたことで、不動産の経済的な価値はずいぶんと正確に割り出すことが可能になったのです。

　過去の市場での不動産取引は、そこで期待できる家賃などの回収も重要なファクターではありますが、建物に歴史的な価値がある

とか、特定の街の物件であれば問題ないというような、一時的な感性に基づくプレミアムが働く場合があって正確性に欠いたわけです。ただ、この利回りという概念も、先ほどのたこ焼き屋さんの皮算用と同じく、そんなに甘くはありませんけど[4]。

3 超低金利

実際にどれくらい低金利かは、インフレ・デフレ率を考慮したうえで実質金利として考えなければならない。実質金利＝（預けたとき、または所有しているときの名目金利）−（予期される物価の変動率）であり、銀行から借りたり預金したりする際の名目金利から物価変動率（インフレ率）を差し引くため、インフレ時には実質金利は名目金利より低くなる。逆にデフレ時には高くなる。

4 リスクヘッジの限界
『ブラック・スワン―不確実性とリスクの本質』
ナシーム・ニコラス・タレブ著、望月衛訳、ダイヤモンド社

人は自分で思っているほど実際には物事を把握し予測することはできないと著者タレブは言う。表題のブラック・スワンとは、白鳥は白いと信じられてきたが、オーストラリア大陸で黒い白鳥が発見され常識が覆された逸話に由来する。本書では「ブラック・スワン」の特徴として以下の3つを挙げる。1. 予測できず、2. 非常に強いインパクトがあり、3. 実際に起きると後付けの説明で予測可能もしくは既知のこととして扱われる。「サブプライムローン危機」発生以前に刊行されていたこともあり、経済・金融関係者の話題をさらった示唆に富んだ書籍。

コスト認識は社会的にも大事

ここまでくると皆さんも気づいたと思いますが、空間をつくるということは、たこ焼き屋さんをはじめとする事業をつくることと似たような部分があり、経済的・社会性の高い活動です。

皆さんは設計やデザインのクラスで、公共建築の社会性について学ぶと思いますが、実はダムや図書館のような施設以外のほとんどの建築物も、経済的には誰かのニーズにこたえるためにおカネを投じ、設計に始まり建材業者や施工業者が集まって具現化するのですから、極めて社会的であることを意識すべきです。

🧑 ただ、住宅はプライベートなものですよね？

　そうですが、プライベートなものであっても見方を変えると、投資・回収の考え方は存在しています。すでに言ったようにモノをつくるには投資が必要で、モノを建てるのであれば、そこで利用者の目的に沿った空間を提供して対価を受け取り、回収をしなければいけないのですね。住宅の場合は住むという対価が支払われているわけです。ですから賃貸住宅であれば、投資した大家さんに家賃を払っているわけです。誰かが建ててくれた建物に住まわせてもらう権利を借りて、住んでその対価を支払う。自宅の場合は自己資金に加えてマイホームローンなどを組んでリスクを冒して投資し、使用者である自分に自らフリーで提供する、もしくは、投資家である自分に使用料を払うという見方ができるわけです。

🧑 空間が使われないと、どうなるのですか？

　そうですね、ニーズに合っていないと当然建物も活用されずに大きなゴミのような存在になってしまいます。建物はハードウェアとしての耐久性が高いので、時代の変化に対応できるフレキシビリティを考えて設計をするのも重要ですが、そのほかにも根本的に建物の経済性に貢献する方法があります。皆さん、分かりますか？

🧑 コストを下げる？

　その通りです。先ほど説明した経済性を表す指標である利回りは、分母である投資コストが小さくなるほど大きくなります。もちろん、建物のクオリティを保持するための適切なコストは必要ですし、分子である収入を上げるためにもデザインは有用なのですが、やは

り建物に関わる職業はたいていの場合コストセンターにいる[5]ということを認識しておいたほうが、今後世の中に出た際に変な誤解をせずにすむと思います。

利回りを上げるには
回収(分子)を大きくする
投資(分母)を小さくする

　誰かがリスクを冒すからこそ、建物づくりに参画できる。建築の設計に携わるヒトは、あくまでも受注側である、委託されているという認識を持つことは大事です。税金という市民のおカネを使う公共建築であれば、なおさら意識すべきだと僕は考えます。

　残念ながら過去に多くの設計者が関わった公共建築で、設計者が経済的な責任を認識して設計に携わったかどうか、疑問を持ってしまうことも多いのではないでしょうか。公的施設なので、多くの人々が喜んで活用をしたくなるモノの実現、無駄遣いをせず効果的なコストの配分を検討してほしい。こんな官僚批判のようなコメントを受けるようでは、これからの時代の設計者としては失格だと思うのです。

　デザインに関わるヒトにとってコントロールできるコストは大きくふたつに分けられます。ひとつは、建設費などのモノづくり自体にかかるコスト。もうひとつは、デザイナー自身のフィーです。建築やインテリアの設計者でもプロダクトのデザイナーでも、それを生業としているので、利回りを上げるために、むやみやたらにフィーを下げるなんてあり得ません。でも、事業にコミットを深めるやり方として、ロイヤリティ[6]やインセンティブ[7]など、設計やデザインがビジネスに貢献しただけ、よりフィーが上がる仕組みを考えるのもよいかもしれません。

　モノづくりサイドも、単なるコストではなく、事業主側の視点に立った設計者やデザイナーは、より多くの仕事を依頼されるのではないでしょう

か。海外、特にプロダクトの世界では、ロイヤリティの契約が多くなされています。建築でも、デザインした賃貸マンションの入居率がよいとフィーが入るとか、ホテルの稼働とロイヤリティが連動するなどがあり得ます。

このような取り組みが広がれば、デザインに対する新しい評価軸[8]もできて、より若い人にチャンスが増えると思います。

以上のように、建物も経済的なリスク・リターンという視点で考えてみると、新しいモノづくりがみえてくるかもしれません。

次の時限では、ホテルの開発の一連の流れを、設計者・開発者・運営者という異なる立場から眺めてみましょう。

---

5 コストセンター

コストセンターとは、企業・事業内でコストだけが集計されて、収益は集計されない部門を指す。例えばメーカーの工場のように売上が立たずコストだけがかかる部門では、集められたデータを元にコストを下げることに業務の時間を割き、収益アップのためのコスト増強を自ら手がけることは稀である。同じように建築家の場合、動機づけのありなしにかかわらず施工費などの工事費を下げることは業務のひとつであり、自らのフィーを含めてコスト（管理）サイドに仕事の重点が置かれる。一部のデザイナーを除き、竣工後の建築物がどのような収益を上げるかというところにコミットする場面は少ないのではないだろうか。

6 ロイヤリティ

ロイヤリティとは特許権、商標権、著作権などの権利を利用する人が、それらの権利を有する人に支払う対価のこと。プロダクトデザインの場合は、売上の数％分を、著作権を持つデザイナーがロイヤリティとして受ける契約がある。

7 インセンティブ

インセンティブとは、人々の意思決定や行動を変化させるような要因であり、一般的には一定の条件を満たした場合に支払われる報奨金ならびにその契約を指す。野球選手が球団と結ぶ出来高払いの契約もこの一種である。

8 新しい評価軸

高いデザイン性がビジネス上の競争優位に立つために必須であることはグローバルな市場では常識となっており、デザイナーが単なるコストサイドとして産業に取り込まれるのではなく、自ら事業創造に加わり新しい価値観を世の中に提示しそのフィードバックをネットなどを介し得るというのは、従来のデザイン料や賞などの社会的評価とは別の新しいかたちである。インターネット上では、プロダクトなどの新しいアイデアをデザイナーが公開し、商品化に向けて資金を集めるサイトなどが広がりをみせている。

4.
時限目

不動産を流動化する

不動産が利益を生む仕組みはどのようになっているのでしょうか。ホテルを建てるプロジェクトの例に挙げたドリルを解いて探っていきましょう。設計する立場、開発する立場、運営する立場それぞれが、プロジェクトの各段階でどのようにおカネに関わるのかをみていきます。

不動産開発に最低限必要な用語も学ぶことができるでしょう。

そして、不動産を金融商品のように投資として考えていくと、「不動産の流動化」という近年発達した手法の仕組みも分かってきます。

Hotel Nacional, Havana, Cuba
PHOTO : Pics-xl

ハバナの目印「ホテル ナショナル デ キューバ」。ホテル建設や経営は時に、国家の威信をかけたものとなる。不動産の流動化という概念は、この国にいつ届くのだろうか。

ドリル02 ホテルを開発するプロジェクト

このドリルは、ホテルをつくるプロジェクトの一連の流れを、「建物を設計・建設するヒト」「開発するヒト」「運営するヒト」という三者の立場からみたものです。

設計者・建設業者

事業の仕込み

開発業者より100部屋の宿泊特化のホテルの設計依頼がある

1部屋の広さを ② **15 ㎡** とする

100部屋でレンタブル比が ③ _____ %

総延床面積が ④ **2,500 ㎡**

※ 通常はここでボリュームを入れ、フィージビリティを行う

工事業者に見積もりをとると ⑪ _____ 万円
これは工事坪単価 ⑫ **60万円** なので妥当であった

設計者は工事費の7%にあたる
⑬ _____ 万円 の設計料で契約

総事業費の確定

建物着工

建物竣工

不動産流動化

072　第1部　おカネの仕組み

開発業者

よい土地があったので投資商品として開発する

土地の値段は ① **11,300 万円** であった
マーケット分析・法規・フィージビリティを行い、
100 部屋のホテルを開発することとする

ホテル運営業者を検討し、
年間固定賃 ⑧ [___] 万円で
定借する会社をテナント候補とする
※ このような固定家賃以外に、
　運営委託、直営などの方法がある

⑪ [___] 万円で見積もりがあがる

設計費、その他費用の合計が
⑭ **10,000 万円** なので、総事業費は
⑮ [___] 万円（①+⑪+⑭）となる →**事業化**

銀行から年利3%で借り入れて着工する

運営者

開発業者より100部屋のホテル運営の
検討依頼がくる

このホテル1泊単価を ⑤ **5,000 円** とし、
稼働率を ⑥ **70 %** とすると
年間売上は ⑦ [___] 万円

売上比率を35%とすると、
家賃負担は ⑧ [___] 万円

また、原価5%、人件費15%、経費30%とすると、
その合計のコストは ⑨ [___] 万円
よって利益は ⑩ [___] 万円 となり、
これは売上比15%なので成立する

引き渡し ➡ 開発業者と運営会社は定期借家契約を結び開業

不動産所有に関するコストが
年間 ⑲ **471.25 万円** なので
年間 ⑳ [___] 万円 の収益があがることになる
これは年利 約 ㉑ [___] % の投資商品とも考えられる

このホテルを年利5%で購入する投資家に売却
したとすると開発業者は、いくら儲けられるでしょうか

㉒ [___] 万円 ÷ ㉓ [___] % = ㉔ [___] 万円
　　　　　　　　　　　　　－ ㉕ [___] 万円
　　　　　　　　　　　　　　㉖ [___] 万円

運営開始1年目は予想以上に稼働が伸びて
80%であったので、売上は ⑯ [___] 万円
利益は、家賃⑧とコスト 6,579 万円を引いた
⑰ [___] 万円
利益の売上比は ⑱ [___] %

4 時限目　不動産を流動化する

ロケーションとフィージビリティスタディ

　この時限では、少し難しい「動かないはずの不動産を流動化する」という話にアプローチするドリルを用意したので、解いてもらいたいと思います（P.072）。

　このドリルの設定は、ホテルを建てるプロジェクトの一連の流れを、設計者や建設会社など「建物を設計・建設するヒト」と、おカネを投資して「開発するヒト」と、その建物を運営しおカネを儲ける「運営するヒト」という三者の立場からみたものです。

　早速解いていきたいと思うんですけど、注意点をひとつ。それは、ドリルに表記されている①②③という数字の番号順に見ていき、空欄の場合は解いて埋めていくということです。

　それでは、一緒に読み進めていきましょう。時系列のストーリー仕立てになっていますよ。

よい土地があったので投資商品として開発する

土地の値段は ① **11,300 万円** であった
マーケット分析・法規・フィージビリティを行い、100 部屋の
ホテルを開発することとする

　まずロケーション、つまり立地の話です。僕はいくつものプロジェクトに関わってきましたが、ホテルというのは特に、ロケーションによってその商品の力が左右されます[1]。このドリルでは、よさそうな土地があって、開発業者がホテル開発の検討をすることからストーリーが始まります。土地の値段は1億1,300万円でした（①）。マーケットの分析と法規、フィージビリティを行った結果、100部屋規模のホテルを開発することに決めました。

…と、簡単に書いてありますが、実際の不動産開発会社では、開発のやり方はいろいろあります。例えばこのドリルのように土地の情報だけがくる場合は、用途の検討から行います。そこを住宅にしたほうがいいのか、商業にしたほうがいいのかというのは、法律の縛りのなかで、マーケットや環境のデータも頼りに選択肢を検証していきます。

　法律上決められた用途地域の縛りでホテルが建てられないかもしれないし、用途は問題なくても駅からのアクセスが悪いので営業できないなどの問題が出てくることもあります。またこの時点で、防災計画はもちろんのこと、ホテルには足元周りに身障者用駐車場や荷解き室を設置するなどのルールもあるので、役所との調整も行いながらプランを調整して魅力的な共用部を確保することなども検討します。

　実際にはこうした検討を重ねるのですが、この場合はとてもよい土地だったんでしょうね、すぐフィージビリティを行うことになったようです。

　「フィージビリティを行う」というのはフィージビリティスタディともいいますが、経済的な側面で実現できるかどうかを調査・検証するということです。まず、特定の条件設定のために建築基準法[2]にのっとってシングルラインでもよいので簡易のプランを描きます。このレベルではデザインはまだ関係ないのですが、容積率はもちろん、何部屋とれるのか、動線計画はどうするのかなど、商売上、非常に重要な課題を解決していきます。

開発業者より100部屋の宿泊特化のホテルの設計依頼がある

1部屋の広さを ② **15 ㎡** とする

100部屋でレンタブル比が ③ ＿＿＿＿ ％

総延床面積が ④ **2,500 ㎡**

※ 通常はここでボリュームを入れ、フィージビリティを行う

この段階でようやく開発業者から設計者・建設業者に依頼があります。ある程度しっかりした開発業者であれば、設計者に依頼する前に一度簡単に検証している場合が多いですね。いきなりホテル設計専門でもない設計者に「ホテルを自分の土地に建てたいんだよね」と話を持っていく人はそうとう希少です。もしそうしてできたホテルがあっても、たいていは潰れます。

　この開発業者は、この立地と容積の条件などを検証した結果、100部屋ぐらいの宿泊特化型[3]のホテルとしたようですね。まあ例えば企業の事務所がわりと多い土地だったのか、もしくは観光があまりないのか。何にせよラグジュアリーや三ツ星ホテルではないねと。そして1部屋は15㎡の広さで設計してほしいと言われています(②)。

　では、③を埋めていただきます。「レンタブル比」という言葉は知っていますか。レンタブル比というのは、総延床面積に対しておカネを生み出す面積のことです。全体の何%がおカネを生み出す面積なんだろうってことですね。総延床面積2,500㎡(④)に対して、15㎡を100部屋つくると、何%でしょうか。

　60%ですね。

　はい、正解です。1,500(㎡)÷2,500(㎡)×100 = ③ 60 %ですね。開発企画のときには、レンタブル比とは本当に闘わなければいけないんですよ。だいたい僕がこれまで関わってきたものでも、頑張らなければいけないのはレンタブル比でした。レンタブル比がよくないと結局、ホテルは継続できないのです。

　どのようにレンタブル比を上げるのですか？

例えば、片廊下型より中廊下型のほうがレンタブル比は上がります。2部屋でひとつの廊下幅を使うので当然ですよね。ただし、客室からの眺めの条件などがあって中廊下にしにくい場合もありますけど。どう縦に積むか、どう横に伸ばすか。そういったことを検証しながら計算します。中廊下型にして眺めがよくない側は客室単価を下げるのか、テラスに付加価値を持たせるのかなど、そうしたことを実際には設計者と議論しながら進めます。

　設計でボリュームの詳細が確定したら、改めてフィージビリティを行います。

> **1 ロケーション**
>
> アメリカのヒルトン・ホテルの創業者コンラッド・ヒルトンが、ホテル開発の成功の3つの秘訣を問われた際の言葉「Location, Location, Location」が有名である。もちろん利便性が高いことだけでなく、リゾートであれば少し足を伸ばすけれど絶景がある、素晴らしい温泉が出るなども、ロケーションの重要な要素である。
>
> **2 ホテルの設計に関わる法律**
>
> 人の生命を預かるホテルでは、建築基準法のほかに、保健所の管轄である旅館業法の営業許可を受け、消防法令適合通知書を消防署から受ける必要がある。
>
> **3 ホテルの種類**
>
> ホテルには、立地・施設内容・規模によって、いくつかの種類に分類される。立地ではシティーホテル・リゾートホテルなど、施設内容ではラグジュアリーホテル・宿泊特化ホテル・ビジネスホテルなど、規模では大型旅館・ブティックホテルなど。

売上と利益はいくらになるか

　さて、この開発業者は、設計者に設計依頼をしながらも同時に運営者に打診します。大手ディベロッパーであれば、社内もしくは関連会社に運営のチームがあって直営する、つまり自社で運営する場合もあるのですが、そうではあっても開発サイドと運営サイドの間で運営方針についてのコミュニケーションが発生します。

> 開発業者より100部屋のホテル運営の検討依頼がくる
>
> このホテル1泊単価を ⑤ **5,000円** とし、稼働率を ⑥ **70％** とすると
> 年間売上は ⑦ [   ] 万円
>
> 売上比率を35％とすると、家賃負担は ⑧ [   ] 万円
>
> また、原価5％、人件費15％、経費30％とすると、その合計のコストは
> ⑨ [   ] 万円。 よって利益は ⑩ [   ] 万円となり、
> これは売上比15％なので成立する

運営者からすると、この段階で開発業者からホテル運営の検討の依頼がきます。早速、このホテルがいくらぐらい儲けられるかを試算してみましょう。ホテルの1泊の単価を5,000円とします（⑤）。稼働率を70％（⑥）とすると、⑦の年間の売上はいくらでしょうか？

稼働率というのは、要はお客さんが入っている率です。計算できましたか？ 答えをどうぞ。

👤 えっと、12,775万円です。

そうです、⑦ **12,775** 万円です。100部屋が毎日70部屋埋まりますから、70(％)×365(日)×5,000(円)ですね。

運営委託にはさまざまなやり方がありますが、この場合は運営者が家賃を払うやり方でホテルを運営する仕組みのようです。売上の35％くらいは家賃負担できるという基準をこの会社は想定していたようですね。この会社では過去の実績データから運営のコストデータを把握しているということでしょう。というわけで、売上比率35％で計算すると、⑧の想定家賃はいくらになるでしょう？ この場合の売上比率というのは、売上の金額に対して、コストが何％かということです。

😎 4,471.25万円。

はい、そうですね。⑧ 4,471.25 万円。ちなみに、この場合の運営者の実績ベースの試算でいくと、原価は5%、人件費は15%、経費は30%とするということなので、⑨のコストの合計はいくらでしょう？ その場合の利益はいくらになりますか。ここは連続で解答していただきましょう。ディスカッションは苦手でも、テストを解くのは得意なのが日本人。これも単に割合から求める計算だから簡単でしょう。じゃあ、まずコストを君が答えて。

😮 2,935万円。

おっと、違うな。原価5%、人件費15%、経費30%は売上対比で、家賃の対比ではないので…？

😮 6,387.5万円ですか。

はい。その通り。⑦の売上の50%（5%＋15%＋30%）ということで ⑨ 6,387.5 万円。では⑩の利益は？ あなた、答えられますか？

😀 ⑧と⑨を引くということですよね？ ⑦から。

そうです。原価、家賃、人件費を支払って、経費も払うかたちになります。⑦引く⑧と⑨でございます。

😀 1,916.25万円。

はい。⑩ 1,916.25 万円です。数字を埋めたドリルを確認しましょう。

4時限目　不動産を流動化する　079

> 開発業者より100部屋のホテル運営の検討依頼がくる
>
> このホテル1泊単価を ⑤ **5,000円** とし、稼働率を ⑥ **70%** とすると
> 年間売上は ⑦ **12,775** 万円
>
> 売上比率を35%とすると、家賃負担は ⑧ **4,471.25** 万円
>
> また、原価5%、人件費15%、経費30%とすると、その合計のコストは
> ⑨ **6,387.5** 万円。 よって利益は ⑩ **1,916.25** 万円となり、
> これは売上比15%なので成立する

さて、ここでいう原価とは、なんでしょう？　たこ焼き屋さんだと、タコとか小麦粉ですが、ホテルのこの原価5%ってなんでしょう？部屋に宿泊すると絶対に消耗してしまうもの。想像してみるといいかもしれませんね。ホテルの部屋では何をします？

🧑　シャワーを浴びたり、ベッドで寝る。

そうです。そこで使うのは石鹸やシャンプー、タオルやシーツ。要は、部屋にあるものを消耗するんだよね。そうなると何が必要ですか？

🧑　新しいものに交換すること。

そうですね。シャンプーやシーツの替えは原価として考える場合が多いです。清掃代も基本的には原価とします。ただ、従業員が掃除も兼務する場合は人件費に含まれている場合もあるけど。さて、この売上比率5%というのはあくまで想定ですからね、5%という数字を覚えてはダメですよ。この原価はさっき言ったように売上に応じて変動します。こうした売上と連動して変化する費用を「変動費」というんでしたね（P.046）。では人件費はどうでしたっけ？

固定費ですね。

　そうですね、固定費でした。「今日はお客が少ないから、フロントスタッフも少なめに」なんてことは不可能ですよね。というわけで、この例を見てもらうと分かるように飲食などに比べて、ホテルは非常に原価が低く、人件費や家賃などの固定費がすごく高くなるビジネスになります。なので、ある一定以上売り上げないと、厳しい。たこ焼き屋も厳しいは厳しいけど、売上が上がらなければ、タコを買わなければいいなどの調整が可能ですからね。固定費である人件費も、バイトのシフトを変えるなど、ホテルよりも比較的調整しやすいといえます。

　さて、固定費を払っても利益が売上全体の15％くらいになってくるので、このホテル運営は成立すると考えました、とありますね。実は、このような売上に対する家賃という発想や判断は、ホテルの場合ではあまりしません。ただ、飲食の場合は、よくやります。飲食では家賃をみて、月の売上の10％くらいにしたいというのが基準になる場合が多いです。これもだいたいの目安ですよ。内装などの投資を自らせずに、建物オーナーが投資してくれるのだったら少し負担が増えて13〜15％くらいになったりするかな、と。そういうふうに考えます。

4 コストの概算

現実には、原価はひとつずつのアイテムごとの単価を稼働と掛け合わせて出し、人件費はスタッフレイアウトを組んで換算する。

いよいよ事業化が進む

とにかく、この場合は試算のうえで、運営者から開発業者に運営を受託する旨、連絡が行きました。開発業者からすると、4,471万2,500円の家賃をもらえるので、じゃあこの人たちをテナントとして進めましょうということになります(「開発業者」欄⑧)。

> ホテル運営業者を検討し、年間固定賃 ⑧ 4,471.25 万円で
> 定借する会社をテナント候補とする
> ※ このような固定家賃以外に、運営委託、直営などの方法がある

この場合は、年間固定家賃としてお互いに定期借家契約[5]を結びましょうということですね。こうしたやり方もなきにしもあらずですけど、ほかには売上歩合の家賃にしたり[6]、運営委託という方法があります。運営委託の場合は経営者となった開発業者が委託費を払い、運営をしてもらって利益を出す、または運営委託先から家賃をもらうなど、多様なパターンがあります。あとは開発業者自らが運営チームを持っていて、直営をするという方法。この場合は自分で利益を上げていきます。

さて、今度ドリルは左の欄の設計者・建設業者をみてください。運営者と開発業者のやり取りがあるなかで、設計者は設計者できちんと働いて、工事業者に見積もりを出してもらうことになりました。

工事業者に工事費の見積もりをとると⑪の金額だった。これを工事坪単価に割り戻すと、坪60万円だったので妥当という判断をしました、とありますね。

ということで、⑪の工事費を出してみましょう。まずしなければならないのが、総延床面積を坪[7]に変換することです。工事費が坪単

価60万円になるということは、総延床面積(坪)にこれを掛けまして、はいあなた。

😀 4億5,375万円。

そう、正解。2,500(㎡)×0.3025×60(万円)ですね。この工事坪単価60万円は、ビジネスホテルのクオリティならできるかというと、場合によっては厳しい金額ですが、ここではその後の計算がラクになるように設定しています。

設計者は工事費の7％にあたる ⑬　　　　　 万円 の設計料で契約

ちなみに、ここでの設計費(⑬)は7％と設定してありますので、計算してみてください。

⑬ 3,176.25 万円ですか。設計費に関しては、場合によってピンキリですよね。規模にもよるし、内容にもよるし、立場にもよるし[8]。ただこれはビジネスホテルでそれほど手間がかからないと思いますが、リゾートホテルなどであれば、設計にも手間や工夫が求められるので、もう少しもらわないと割に合わないでしょうね。また設計の手間は、土地の形状にもよります。同じ部屋を配列複製するだけだったらすごく簡単な設計だけど、細く変形させなければいけないとか、階ごとに平面が違うとかなると、ちょっと大変だったりします。

---

⑪ **45,375** 万円で見積もりがあがる

設計費、その他費用の合計が ⑭ **10,000万円** なので、
総事業費は ⑮　　　　　 万円(①+⑪+⑭)となる →**事業化**

銀行から年利3％で借り入れて着工する

工事費などの試算や建築の設計内容を、設計者は建設業者と一緒に開発業者に報告します（「開発業者」欄⑪）。開発業者はその4億5,375万円の工事費をベースに事業化を決定しました。設計費などその他の費用が全部で1億円になるようです（⑭）。では、⑮の総事業費はいくらになりますか？　これはもう答えに近いものが書かれているのですが、土地代（①）＋建設費（⑪）＋その他の費用（⑭）なので、簡単ですね。足し算です。

😀　6億6,675万円。

　そうですね。⑮ 66,675 万円ですね。さて、開発業者は銀行から借入をし、着工します。要は、これ全部を借入でやるというわけです。ここでは便宜上こうしていますが、実際の事業では自己資金との比率が会社の与信によって変わってきます。

5　定期借家

平成12（2000）年に施行された「定期借家法」である。一般的な賃貸借契約に比べて、解約時の賃貸人の占有権の解除を明確に示してあるため大家側に有利。また、定期借家での契約では、大家・賃借人の一方または両方に対して途中解約の違約金条項を設けることもある。

6　歩合家賃

売上高に応じて支払われる家賃のこと。運営者にとっては、固定費である家賃が売上と連動する変動費になるのでリスクが低減され、大家としては売上が伸びた際には、収益の伸びを期待できる。最低限の部分を固定家賃で支払い、歩合家賃を加算する方法もある。

7　坪

いまだに不動産・建築の業界で一般的に使用される単位。平米単位に0.3025を掛けるか、3.30578512で割り求める。派生して、坪当たりの工事単価を示す「坪単価」や、月当たりの売上を示す「月坪」などの用語もある。

8　設計費

建築業界では設計費を施工費のパーセンテージで見積もることが多く、インテリアデザインでは、坪当たりの単価をデザイナーが指標として提示することが多い。

利益に大きく響く稼働

そして、建物が竣工し、開業しました。実際に営業してみたらどうだったのでしょうか？ 「運営者」の欄の建物竣工後のところです。

> 運営開始1年目は予想以上に稼働が伸びて80%であったので、
> 売上は ⑯ [　　　] 万円
> 利益は、家賃⑧とコスト 6,579 万円を引いた ⑰ [　　　] 万円
> 利益の売上比は ⑱ [　　　] %

運用開始1年目は予想以上に稼働が伸び、80％でした。⑯、1年目の売上からいきましょうか。

🗨 2,828.75 万円、ですか。

ええと、違います。100 部屋、80％、5,000 円、365 日なので…

🗨 あ、それでいいんですか？ 1 億 4,600 万円。

はい、そう ⑯ 14,600 万円ですね。⑰の利益は、家賃とそれ以外のコスト 6,579 万円を引いて、どうなりますか？

🗨 3,549 万 7,500 円。

はい、そうです。⑰ 3,549.75 万円。⑱の利益の売上比はどうですか？

4 時限目　不動産を流動化する　085

😀 24.3％ですね。

 はい、⑱ 24.3 ％です。さっきは15％だったのに、稼働が10％上がると売上対比の利益率も24％と、約10％と同じ比率で上がる。これはさっき言ったように固定費の比率が高いので、どう稼働しようが人件費は上がらないからですね。家賃も上がらない。しかも原価はリネンとかシャンプーの費用とか、まあたいした金額ではないので、稼働が上がると利益率はぐっと改善されるということです。

運営開始1年目は予想以上に稼働が伸びて80％であったので、
売上は ⑯ 14,600 万円

利益は、家賃⑧とコスト6,579万円を引いた ⑰ 3,549.75 万円

利益の売上比は ⑱ 24.3 ％

では、開発業者の欄に行きます。

不動産所有に関するコストが年間 ⑲ 471.25 万円 なので
年間 ⑳　　　　万円 の収益があがることになる

これは年利 約 ㉑　　　％ の投資商品とも考えられる

 不動産所有に関わる⑲のコストが年間471万2,500円とのことです。これはテナントであるホテルの運営者の範疇ではないビルメンテナンスの費用などです[9]。この数字は正直いって帳尻合わせの数字にしていますが、実際にこうした費用がいくらかかかってきます。これを差し引くと、年間いくらの利益が開発業者に上がるでしょうか。⑳のところです。

😐 ちょっと分かりません。

では、開発業者は何が売上でしょうか。

😐 えっと、テナントの家賃。

そうだよね、家賃だよね。家賃をもらって、もろもろかかる471万2,500円を払うと。

😐 それが1年間の利益だとすると、4,000万円?

はい、帳尻合わせという理由が分かりましたね。ピッタリ ⑳ 4,000万円。大家業って利益率がすごく高いですね。資産は重いけど利益率も高い。家賃が滞らずにしっかりと入るなら、の話ですが。

> **9 ビル管理**
> 共用スペースの清掃、エレベーターメンテナンス、セキュリティなどを指す。施設の竣工後の管理全般は、ファシリティ・マネジメントとも呼ばれる。

不動産を投資商品として考えると?

さて、ここからがちょっと難しくなりますよ。「開発業者」欄の下のほう(㉑)。これは年利、つまり年間の利回り㉑%の金融商品、投資商品と考えられます、と。この意味は分かりますか? 前の時限を思い出しましょう。利回りとは、「収益÷投資」でしたね。分母が投資、分子が収益。それでは、この場合の分子はいくら?

さっき計算した利益 4,000万円。

そうですね。では分母は？

⑮の総事業費ですか？ だとしたら、えーと、利回りは5.99925%です。

はい、約 ㉑ 6 % でございます。

不動産所有に関するコストが年間 ⑲ **471.25万円** なので
年間 ⑳ **4,000** 万円 の収益があがることになる

これは年利 約 ㉑ 6 % の投資商品とも考えられる

　総事業費で年間の利益を割り戻すと、約6%になると。これは建物だけれど、銀行におカネを預けたり投資信託を買うのと似ていて、年間6%の利子と見立てることができます。資産家や年金機構の人など資金を運用したい人は、株や国債、投資信託などと同じように金融商品として、不動産を保有する人もいるわけです。
　こうした不動産という投資商品には、よい点と悪い点があります。よい点は、不動産には土地の値段と建物の値段という現物のモノの価値があること。株だったりすると、明日にはもしかしたら価値がゼロになる可能性もある。国債もそうです。その国が破綻したらどうするんだとか。片や不動産の場合は、いきなり価値がなくなるということは滅多にないのでよいようにも思えます。でも、現物ゆえのリスクも大きいわけですよね。構造的に偽装があったら困るし、そこで事故が起きたら所有者が責任をとらなくてはならない可能性もある。また、まったく活用できなくなった建物や土地の場合は、キャッシュ

を生み出せず価値の評価はしにくくなりますよね。例えば、土地の値段が下落している地方の大型旅館やホテルなどはいくら100億円かけて建てられていても、営業不振でつぶれると買い手がなく、開口部にベニヤが張られて解体すらされずに放置されたりしています。

というわけで、これまでの時限で資本だ、損益だと学んできたことが、建物にも関連していることを理解していただけると嬉しいです。

不動産を流動化させる

さて最後、㉒から㉖です。ここは割り算と引き算だけですが、わりと難しいと思うので、解ける人は偉い。

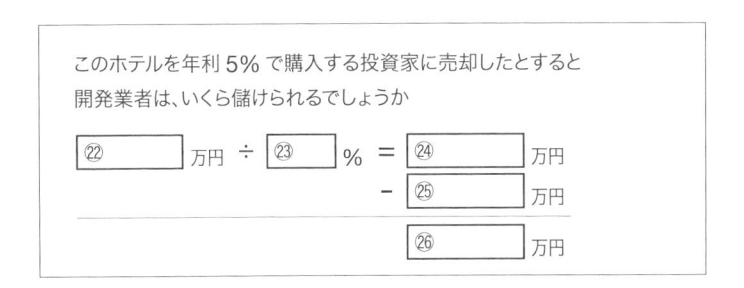

このホテルを年利5％で購入する投資家に売却したとすると
開発業者は、いくら儲けられるでしょうか

㉒	万円 ÷	㉓	％ ＝	㉔	万円
			－	㉕	万円
				㉖	万円

このホテルを、年利5％で購入するという投資家が出てきて、売るんです。すると開発業者はいくら儲けられますか？

🥷 年利5％で購入するって、どういうことですか？

先ほども説明した通り、金融商品のように購入する、ということです。例えば、おカネをもっている投資家がいるとします。証券会社にいるような投資のプロは、「おカネを預けてもらえれば何％の利息

がつきますよ」と、購入する金融商品を投資家に紹介するわけです。投資家っていうのは、おカネを投資して何％戻ってくる、何％増える、ということを期待しているわけじゃない？　この投資家の場合は、5％くらいの利回りが期待できる投資物件としてのホテルがほしいと言っているんですね。6％でなくていい、5％でいいんですよ、その人は。銀行に預けるよりはるかにいいですよね。そこで開発業者はその投資家に売却します。するといくら儲かるかなという質問です。

まだ悩んでいる人も多くいるようなのでヒントを出すと、この取引で変わらない条件とは何か？　ということです。設計者・建設業者はもう関係ないね。もう建て終わったからね。運営者は絡んではいるけど、決まった契約の家賃をずっと頑張って払うだけだよね。それを元手に、開発業者も利益が出る。この契約家賃は、オーナーがチェンジしても変わらない条件です。

さて、整理すると「6％」と「5％」というキーワードが出てきますよね。6％は、総事業費66,675万円に対する数字ですね、要は投資したぶん。収入としての家賃が変わらず4,000万円。では、5％って何だろう。今度は投資家に売るので、家賃下げられますという話ではありません。分子が変わらないとすると…？

　分母が大きくなる？

その通り！　年利5％で買うと言っている人というのは、毎年4,000万を手に入れる金額が5％として計算される投資額でよいということです。その金額こそが売却金額(㉔)ですよね。新たな投資家の視点から考えれば簡単でしょう？　4,000万円(㉒)÷求める金額(㉔)が5％(㉓)となるので、求める金額は4,000万円÷5％ですね。いくらになりますか？

🧑 8億円。

はい。そうですね。㉔ 80,000 万円。売却額が分かったら、開発業者はどれほど儲かるか(㉖)というのは簡単だよね？　自分で投資した総事業費⑮(＝㉕)を、売却金額(㉔)から引けばいい。

👨 6億6,675万円を引いて、1億3,325万円ですね。

このホテルを年利5%で購入する投資家に売却したとすると
開発業者は、いくら儲けられるでしょうか

㉒ 4,000 万円 ÷ ㉓ 5 ％ ＝ ㉔ 80,000 万円
　　　　　　　　　　　　　　－ ㉕ 66,675 万円
　　　　　　　　　　　　　　　　㉖ 13,325 万円

そう。なんと、こんなに儲かってしまうんです。銀行からの借入も、売却した時点で返済します。借入のときの金利があったので、1億3,325万円が少し目減りしますが、それでもとても大きな利益ですよね。

このように、「不動のモノ」といわれている不動産が、金融商品のように流動的になることを「流動化」と言います。「リーマン・ショック」と呼ばれている金融危機の際に、残念ながら多くのディベロッパーが黒字倒産したのも、この手法で開発していたことが理由です。全額ではないにしろ借入して開発していた開発業者は、案件に投資家がつかないとか、開発そのものが止まってしまい返済できず、つぶれていったのです。

さて、この場合の開発業者は、購入する投資家が現れなかったら

どうなりますか？　年利3％の銀行借入を返してかなければいけないよね。実際はいくらの利回りといえますか？

> 6引く3で、3％？

そうです。一見すると年利6％分の家賃が入っているように見えるけど、「よくよく考えたら自分、おカネがなくて借りてたなあ、銀行に3％返さないと」ということ。3％しか回っていないのにホテルを保有し続けるのは割に合わない。この開発業者は初めから売却益を狙って開発していたわけです。

デザインは利回りを上げるのか

さあ、ホテルを開発するドリルは以上です。ここまでで、何か質問はありますか？

> あのう、さっきの不動産の流動化の話なんですけど、投資家は買うときに、実際は6％で回ってるのを知っていて5％で買うんですか？

買う場合もあります。このドリルだと開発期間や工事期間をものすごく圧縮しているけど、近隣問題などで途中で建物が建てにくくなったりとか、実際に稼働しなかったりとかいう問題が事業を立ち上げる開発業者には起こり得ます。稼働しなかったら運営者がギブアップするという場合もあるし、開発してしっかりと活用されるものをつくるのにはリスクや苦労が伴います。また、多様なリスクを契約書にまとめて、金融商品として固めていく作業って、やっぱり大変なんだよね。ですから、投資家もそこまでお膳立てされていれば、開発業

者がいくらか儲けようがリスクをとった対価ということで納得もできるわけです。ほかに質問はありますか？

🧑 こういう建物をデザインしたい、と思い通りに開発していけるのですか？

　ドライに言ってしまうと、「デザイン」が利回りを上げるのだったらぜひやってくださいって話になるかな。投資家の視点では、見るのはあくまで利回りだけです、基本は。ただ、投資家に所有欲や自己顕示欲がある場合は当然デザインは重視されます。また、いくつかの物件をとりまとめたもの（不動産ファンド）の場合は総額が数百億円以上など高額になる。こうした場合はブランドアイデンティティをつくるために、利回りはあまり高くなくてもひとつくらいはデザイン性が高くて話題性のあるホテルを入れつつ、ほかの90%くらいはビジネスホテルが組み込まれた不動産ファンドです、とすることはある。何十件かホテルの案件が入ってて、1件くらいはちょっとオシャレなのをつくっておこう、みたいな。十数年前までは現代的なデザインのホテルが少なかったので、「デザインホテル」というだけで高い客室単価や稼働が望めたんだけど、今は「デザイン」にそこまで力がないので、効率性や飽きがこないという提案をすることも設計者には必要になってくるでしょうね。ただ、こういう流動化の手法を用いて、やりたいデザインやアイデアを事業化できている人たちも多くいます。クリエイティビティを実現する手段のひとつとして流動化の手法を習得すれば、将来自分の夢のために活用できるかもしれません。

🧑 5%の利回りということは、回収に20年かかるということですよね。実際に買う人はいるんですか？

　そうですね。実際はもう少し高い利回りを求めるかもしれません。

ただ、建物の価値は貸借対照表にのっている簿価としては減価償却して次第に価値はなくなっていきますが、実際の市場での価値は、稼働し続けているホテルであれば相変わらず利回りを期待できるので、売却もあり得るわけです。ずーっと持ち続けるわけでなく。また、たいていは「金融工学」とやらを駆使してほかの複数の不動産と組み合わせたり切り刻んだりして金融商品化したものを機関投資家が購入したりするので、単体の物件だけで投資回収を判断されるばかりではありません。それがよいことかは別として。

　これまで4時限にわたって、建モノづくりに関わるおカネの仕組みの話をたくさんしましたけど、いかがでしたか？　皆さんが社会に出てきっと役に立つであろうおカネの仕組みの、まずは全体像をつかんでもらうことを目的としているので、実際よりディテールを省略したり、理解しやすいように具体的な数字は調整しているので注意してくださいね。

　まずは、おカネに対するアレルギーをなくすこと。世の中で建物を建てるときや、それで商売するときには立場によっておカネの意味や扱い方が変わること。そんなイメージを持っていただくことが重要だと思います。

　次の時限からは、「ヒトを動かす企画」について学んでいきましょう。おカネは大事ですが、やっぱりおカネだけではヒトは動きませんからね。ここからがようやく皆さんが本領を発揮する部分かもしれません。モノづくりに必要なヒトのモチベーションということを中心に、プロデュースだったりコンセプトだったり、それらをまとめる企画書のつくり方などについて考えていきましょう。

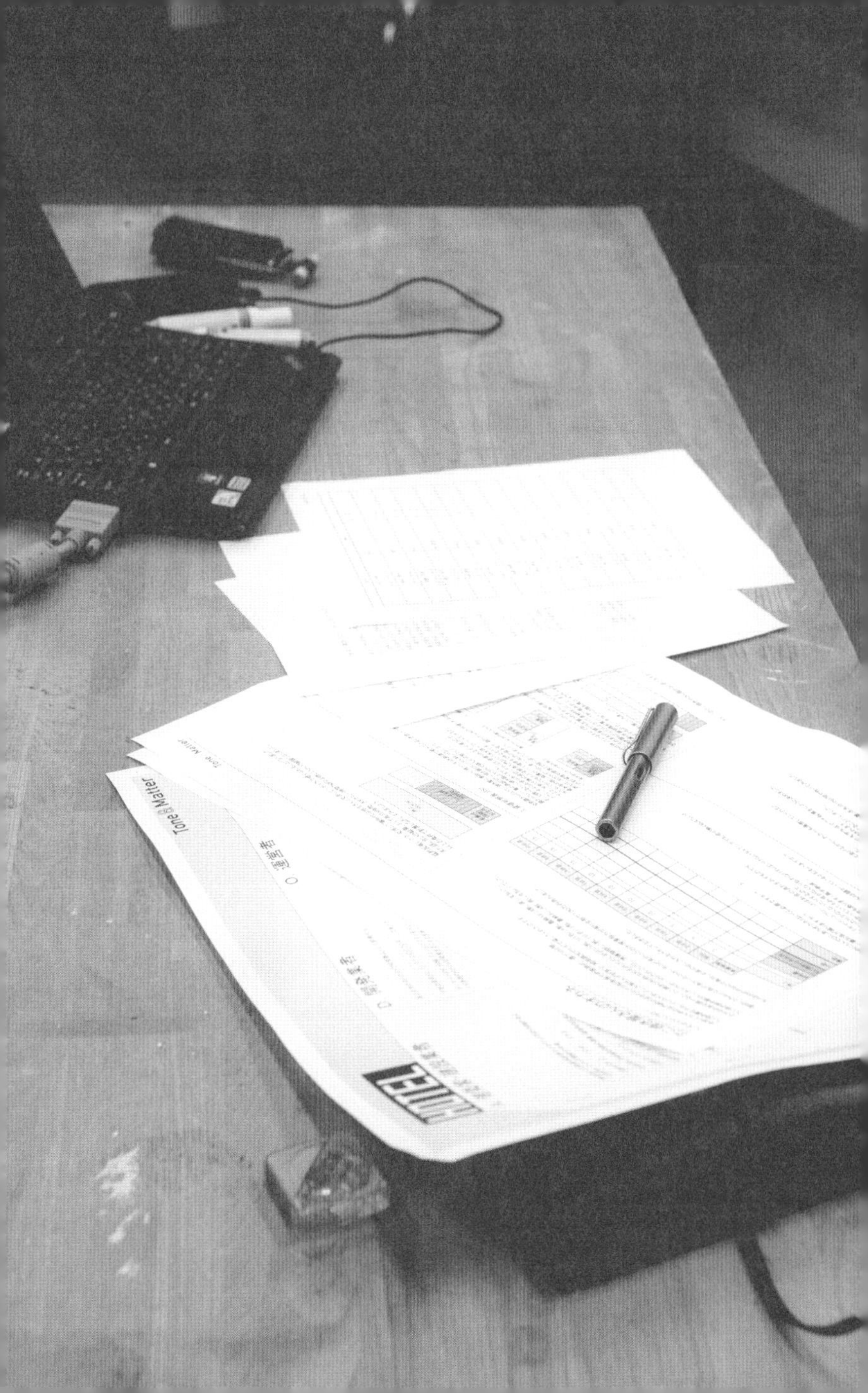

第2部
ヒトを動かす企画

5時限目 プロジェクトデザインと企画　098

プロジェクトに関わるヒトの働き方／プロジェクト型の仕事は成果が分かりやすい／企画＝プロジェクトの目的・目標のデザイン／企画とプロデューサーの関係／新しいことを進めるために企てて画く／企画にまつわる3つの旗

TOPICS
01 目的・目標について／02 チームワーク／03 マーケティング

6時限目 ヒトを動かす企画書のつくり方　112

ヒトに動いてもらうには／企画を進めるための書／企画書の要素と構成　①視察とソウゾウ　②アイデア抽出・構造化　③ディスカッション　④エレベータープレゼン　⑤ブラッシュアップ　⑥チームメンバーへのファーストアタック／企画書の切り口は具体と抽象で考える

TOPICS
01 企画の元ネタとストック方法／02 コンセプトについて

7時限目 実際の企画書を見る　136

「CLASKA」プレスリリース／実際のプレスリリースに学ぶ／新しい場所づくりのための企画書構成　①計画概要　②街のポテンシャル／アクセス／周辺環境／敷地概要　③アート企画概要　④プロジェクトメンバー　⑤プロジェクト概要　⑥平面図／アートレイアウト　⑦各部の詳細―レストラン　⑧各部の詳細―客室／企画書の「作為」と「策意」の5つのコツ

8時限目 エレベータープレゼンの実践　170

企画対象の定義を改めて考える／要素を分類してみる／分類でみえてくること／エレベータープレゼンをしよう！／アイデア共有でコンセプトがみえてくる

PHOTO : Henrik Sorensen

困難を乗り越えて山の頂に登り詰め、旗を立てる。旗に持たされた大きな役割。プロジェクトを進める際にも、旗の役割と振り方を考えるとよい。

5.時限目

プロジェクトデザインと企画

この時限からは、ヒトを動かすために効果的な手段としての企画について学びます。特に、新しいモノやコトを生み出すプロジェクトに関わるヒトを動かすには、参加メンバーが共感しモチベーションを高めるような「企画」を立てることが大切です。まずは企画の定義、またプロジェクトと企画の関係を改めて考えることから始めましょう。

そして、プロデュースにおける企画の役割、プロデューサーがプロジェクトを進めるうえで用いる「旗」の役割についても学びます。

プロジェクトに関わるヒトの働き方

これまで、おカネの話をしてきましたが、この時限からは「ヒトを動かす企画」編となります。この講義の目的は、「新しくよい建モノをつくることを目標とするプロジェクト」を成功させるために役に立つことを学ぶことなので、ヒトに関してもその点に絞り込んで話していきたいと思います。

ですから、ヒトの話といっても、大企業の組織運営や、給与の考え方など、ビジネスで行われる人事的なことは扱いません。モノづくりプロジェクトに関わるヒトを動かすために効果的な方法・手段にフォーカスして学んでいきたいと思います。

プロジェクト型の仕事は成果が分かりやすい

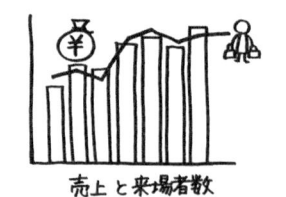

基本的に、建築やデザイン関連の学校で学んだ皆さんは、仕事としてはモノづくりのプロジェクトに関わる方がほとんどだと思います。そして、プロジェクト型の仕事では、その成果が分かりやすく出ます。

例えば商業施設の開発であれば、成果はオープン後の来場者数や売上です。もちろん、デザイン自体を評価されて何かの賞を獲るというのも成果のひとつです。そして、その成果がプロジェクトに関わり尽力したメンバーに、金銭・名誉などのかたちで還元されると、本当の意味で成功したといえると思います。

僕は、年齢や性別や国籍などでヒトが評価されるのではなく、そのヒトのアウトプット、そのヒトの挙げた成果で評価され報酬を得られるという当たり前の状況に今後、日本が変わってくれればと願っているんです[1]。そうでないと、皆さんのような若い方々はどんなに頑張っても理不尽な目にあう。そうした状況が続けば、多くのヒトが海外へ出ていってしまうでしょう。もしくは出ていかざるを得なくなる。

　いずれにしても、働くのが国内であろうが国外であろうが、皆さんのようにプロジェクトベースの仕事に関わるヒトたちは、その成果に意識的でないといけません。

> **[1] 世代格差**
>
> 年金・雇用・産業硬直など日本の経済的な問題の多くは、世代格差と表裏一体である。年金の現行制度では、生涯賃金に対する保険料負担と給付総額の割合で受益を算出すると若年世代では大きな損があり、世代ごとの比較では高齢者と若年層では数千万円の差がある。雇用では年功序列によって、同一の労働に対しては同一の賃金が報酬として与えられるべきという原則が守られておらず、企業などの組織内では人の成果にタダ乗りして給料を得る「フリーライダー」の問題も深刻化している。産業界では高齢の男性が決定権を行使する環境が大半となり、保守・硬直化が進んでいる。

企画＝プロジェクトの目的・目標のデザイン

　プロジェクトで扱う建物やプロダクトのデザインも重要ですが、「そのデザインを実現するためには、プロジェクトの目的・目標自体をデザインしなければいけない」という話をしたいと思います[2]。

　僕はこの「目的・目標自体をデザインすること」が、企画という仕事の初めの一歩でありかつ根幹であると考えています。1時限目で簡単に触れましたが、プロジェクトを統括するプロデューサーの役割は、外側から見れば事業を成功させることにあります。そして内側から見るときの役割では、その成功に向かってチームをまとめてプロジェクトを推進することだと思うのです[→ **目的・目標について** (P.110)]。

では、見方を少し変えてみましょう。そもそもプロジェクトのメンバーや関係者であるヒトたちは、なぜプロジェクトのために働いてくれるのでしょうか？

🙍‍♀️ おカネのため？

そうですね。それもひとつの理由です。でも、それだけでしょうか？　では予算が潤沢にあるとしたら、それを参加メンバーに配分すればプロジェクトはうまくいくでしょうか？　そうとは限らないですよね。ほかに何が考えられますか？

🙍 自分のキャリアのため？

確かに、それもあるでしょうね。ただ、それは結果が出た後の副産物的なものですよね。もっと根本的に、プロジェクトには不可欠なものなんですが…。

🙍 プロジェクトに共感しているから？

その通りです！

プロジェクトの方向性がメンバーにとって興味をひく魅力的なものでないと、モノづくりのプロジェクトはうまくいきません。多くの成功しているプロジェクトは、ゴールに向かってチームが一丸となっています[→ **チームワーク** (P.111)]。皆さんのほとんどが、学校の課題なりスポーツなりでチームを組んで、何かのゴールに向かって取り組んだことがあるでしょう。

ビジネスの世界で新しいモノを生み出すためには、なおさらしっ

かりとした方向性の設定が、プロジェクトを進めるうえで重要になってきます。特に新しいモノをつくるというのは、「ないモノ」をチームで「あるモノ」に具現化していくという暗中模索から始まる仕事なので、そのための方向性を「企画」として知恵を絞り、ゼロからつくり出す必要があるのです[4]。

　この世の中に存在しない新しい何かをつくり出すための企画は、メンバーのやる気、モチベーションを高めるものにもなり得ます。先ほども言ったように、動機付けがなければヒトは動きません。特にクリエイティブなモノづくりの場合は、金銭などの結果のみを求める目標だけではクリエイターなどのチームメンバーのモチベーションを上げることは難しいのです。

　もちろん、条件のよい契約や高いギャラでよい仕事をしてくれるプロフェッショナルはいます。しかし同一人物であっても、自らの好奇心や冒険心で知的満足を得ようとつくり上げたアウトプットは、クオリティや可能性が大きく飛躍する事実を僕自身、多く見てきています。アウトプットのクオリティはギャラの大小だけでコントロールすることは難しく、むしろ、メンバーのモチベーションを上げる企画を立てることで、それを引き出せるのです。

　質の高いアウトプットが結集したプロジェクトは、世の中に対して"新しい何か"を提案し変化を起こすことが可能になります。この「いまだ存在しないモノ」を生み出す目的・目標を、意図的に組み立ててデザインしていく行為とそのアウトプットを、本書では「企画」と呼びたいと思います。

　いまだ存在しないモノをゼロから生み出すためには、メンバーの創造性を喚起するような、抽象的なイメージなどを含んだ目的・目標設定＝企画をつくることが非常に重要だということです。企画には、プロジェクトの方向性がイメージされるような創造性や、作為に満ちた意図が含まれていなければなりません。

2 『プロジェクト・ブック』
阿部仁史・本江正茂・小野田泰明・堀口徹著、彰国社

本書にまとめられている、発想・共有・コミュニケーションに関する「創造の極意63」はいずれも、プロジェクト自体のデザインに非常に有効である。

3 『モチベーション 3.0　持続する「やる気！」をいかに引き出すか』
ダニエル・ピンク著・大前研一訳、講談社

本書では人が行動するモチベーションを3段階に分けて論じている。生存を目的とした第1段階とルーチンワークを主としたアメとムチによる第2段階に加えて、自己の内面から湧き上がる「やる気」による動機付けが、ビジネスの現場で起きている問題解決に活きるとする。

4 最適化とイノベーション

ピーター・ドラッカーは『イノベーションと起業家精神』で、資源の最適化にとどまりイノベーションを起こさないリスクの大きさについて論じている。「起業家精神とは、すでに行っていることをより上手に行うことよりも、まったく新しいことに価値を見出すことである」と言い、またイノベーションについては「方法さえ身につければ誰でも使いこなせるものであり、誰もが使いこなすべきものである」とする。

企画とプロデューサーの関係

関わるヒトのモチベーションを創出するような企画を立てることが、プロジェクトリーダーとして機能するプロデューサーの初めの仕事といえるでしょう。もちろん、肩書きはプロデューサーでなくてもよいですね。リーダーであったりマネージャーであったりすると思います[5]。

いずれにしてもプロジェクトチームを率いる者が、プロジェクトの企画について責任を負います。そしてその企画を活用

Producer × Plan
企画を活用してメンバーのモチベーションを高める

し、ほかのメンバーのモチベーションを向上させる役割を果たさなければならないでしょう。どんなモノをつくろうとしているのか、何を目指しているプロジェクトなのかを、メンバーに示し共有を進めモチベーションを高めてもらうのがリーダーの仕事です。そのためにはしっかりと企画を立てなければなりません。

🧑 そうしたことって、「プロジェクトマネージャー」の仕事ではないのですか？

　そうですね。よく、プロジェクトマネージャーとプロデューサーの役割の違いについて聞かれることがあるのですが、一般的なビジネス用語として使われるプロジェクトマネージャーは、予算やスケジュールの管理が一番の責務だと思います。プロデューサーも最終的にはそれらに責任を持ちますが、もう少し大きな視野で事業性としての確認と調整、判断を行います。そのプロジェクトが新規事業や新しいモノづくりであればなおさらそうですね。

　そういう点ではプロデューサーは管理も大事ですが、企画に沿ったかたちでプロジェクトが推進されていない場合には、管理目標の前提条件であったスケジュールや予算、体制を大きく変更する場合もあります[6]。また、プロデューサーの場合、予算やスケジュールの管理をそれが得意なメンバーにお願いすることも可能です。そのメンバーのモチベーションを上げ、しっかりと進めてもらえばよいのですから。

---

[5] リーダーとマネージャー

企業内では、マネージャーとリーダーの本質的な意味の違いを意識せずに役職として使用する場合も多いが、本来の意味ではリーダーとは計算されたリスクに基づき変革・改革する人であり、マネージャーは予想されるリスクを回避し、改善・管理する人である。

[6] 前提条件の見直し

環境や条件に大きな変化が起きたときには、当然ながら状況に合わせ最適な判断をすべきであるが、現実には、サンクコスト（埋没費用）と呼ばれる過去に払ってきた費用に対する回収意識が、合理的な判断を鈍らせる。これを「サンクコストの呪縛」という。

新しいことを進めるために企てて画く

改めて、企画の定義を考えてみましょう。企画とは、何か新しいことを進めるために、「企てて画くこと」[7]です。一般的には、事業やプロジェクトの新規性や方針などを考えることです。プロジェクトが扱う対象によって、企画の内容はまったく異なります。建築であれば、建物の用途や街との関わりも含まれるかもしれません。プロダクトであれば、押さえるべき機能や要件があるでしょうし、出版であっても考えなければならない切り口は変わってきます。

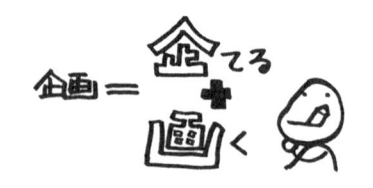

しかも、あまたある対象のそれぞれに対して、何を課題として捉えて、どういう方向でクリアしていくのかを考え整理することも企画の一部です。そのため今ここで企画そのものを教えることは不可能です。

今まで学んできたように、企画には、プロジェクトが何を目指しているかを明確にし、チームの雰囲気を有機的につないで、モノづくりをうまく走らせるという側面があります。よい企画は、ヒトに動機付けを与え目的・目標となるものでなければなりません。

個人的には、「自分だけではできない新しくワクワクするコトやモノを企て、画にすることで仲間を集め、実現すること」、こうした企画を立てることが仕事の醍醐味だと思っています。プロジェクトの最初の一歩は、進めるべきプロジェクトの創造性や新規性、抽象的なイメージなども含めて共有し、知的好奇心を刺激する企画を立てることから始まるのです。

---

[7] 企て画く

企てるとは「計画を立てる。計画を試みる。または、実行しようとする」こと。画くとは「絵を描く。図をひいて考える」こと。ちなみに企業とは、事業を企てること。

企画にまつわる3つの旗

僕は、プロデューサーとしてプロジェクトにおける企画という仕事との付き合い方をフェーズに分けて「3つの旗」という概念で押さえています。

ひとつ目は人を集め同じ方向を見てもらうために初めに立てる旗、ふたつ目がプロジェクトが進みメンバーを鼓舞するために振る旗、そして最後にチームでつくり上げたモノ・コトを広げるために掲げる旗。

ひとつ目の旗ですが、新しいモノを生み出すプロジェクトでは、まだ世の中にないものをつくり上げるので、参加メンバーであっても目的・目標のイメージを共有することが難しいんですね。チームメンバーにAさん、Bさん、Cさんといるとき、その人たちが初めに関わるときに抱くイメージはバラバラです。そこで、企画を立てて共有することで目的・目標の共通認識を持てるようになります。このプロジェクトは何が新しく、どんなところを狙って進めるのだろうか。プロジェクトの運営でこのフェーズは本当に重要です。各々のギャップをいかに埋めるか、メンバーのコミットメントをいかに高めるか、タスクを把握し細かいところまで役割分担できるか。成功の可能性は、この初めに掲げる旗＝企画を中心にチームがいかに一体感を持てるかにかかっている、といっても言い過ぎではありません。この初めに立てる企画内容を効果的にコミュニケーションするために企画書をつく

るのです。

　いざプロジェクトがスタートすると、どんな事業にも困難が伴うものです。メンバーがどれだけ頑張っていても、外的な要因や内的要因でシンドい場面が必ずやってくる。そんなとき、旗を振る必要があります。ふたつ目の旗ですね。むしろ、旗を振って応援するくらいしかできることがありません。個々のプロフェッショナルのメンバーがモチベーションを持って初めに立てた企画を実現するために、初めに立てた旗＝企画とどこかズレていないかを検証し、もしギャップが発見されたならメンバーとともにその解決を図る責務がプロデューサーには課せられます。時には元気づけ、時には叱咤激励というコミュニケーションを介して。

　目指すゴールは変えずとも、プロジェクトが進むときに出てくる課題に応じて、当初の企画の一部を調整する場面もあります。そのときにも協議を行って意識の共有をしっかりと図り、チームを的確な方向へと旗を振って導きます。こういった壁を乗り越えるときに、企画は磨かれて精度を上げますし、チーム力は向上します。むしろ、な

んとなくうまくいったプロジェクトよりも、最終的なアウトプットはクオリティの高いモノになると実感しています。

最後、3つ目の旗が登場するのは、でき上がったモノを世の中にお披露目するフェーズです。ただ単にモノ自体を見せるのではなく、どのような企画で、どんな新しさを追い求めてきたのか、どんなところが難しく、チームが力を合わせて何を解決したのか、そういったプロジェクトの側面をうまく発信すると訴求力も強まりますし、評価が高まればメンバーへのねぎらいにもなる。最後の旗の掲げ方にも、準備やセンスが非常に重要になってきます[→ マーケティング (P.111)]。

このように企画とは、プロジェクトで扱うプロダクトや建物のようにモノ自体の先進性や機能性を突き詰めた具体的な内容が詰まったものでなければいけません。また一方で、企画にはヒトを動かす機能や責任があるのです。

このことを理解しておくと、社会に出たときに自己完結的な企画を立てたり、チームワークがギクシャクしたりといった、プロジェクトチーム運営の失敗はずいぶんと減らせると思います。

TOPICS 01

目的・目標について

ここでは、混乱しがちな「目標」「目的」そして「ゴール」について整理する。目標とは、目的を実現するために設定した目印・道筋である。両者の関係は、的(まと)に向かって設定される標(しるべ)として認識すべきである。また目的を目標と同じように共有する場合もあるが、目標達成としての成果が同じであっても個々のメンバーごとに意味合いとしての目的が異なる場合もある。これは、目的と目標の2階層の関係を、どのレベルに設定したかで異なる。

例えばスポーツ競技のメダル獲得を目的としていれば、それに向けたトレーニングなどの準備が目標となるが、メダルを目標と設定した場合は、個々のメンバーにとって金メダル獲得は自己達成の過程となり、メンバーによって目的は異なる。その点で、目的は他者に与えられることがなく、目標は他者に設定され得るといえる。プロジェクトでは、メンバーと共有化したひとつの目的のために、それぞれが何をすべきか分析し複数の目標設定が必要となる。それらの目標に対してメンバーが責任を果たすことでプロジェクトは推進される。

では、ゴールとは何か? これも明確な定義があるわけではないが、目標のなかでも目的達成に対して大きな意味を持つものをゴールと呼ぶ場合が多い。例えば、新しいカフェの創造が目的であったとしたら、それに向けて、さまざまな成し遂げるべき目標が設定される。そのなかでもメンバーの成果を集約して成し遂げる事業化決済、工事着工、開業などはゴールとして認識される。これらを、プロジェクト工程管理の視点では、遅延を発生させないためにフェーズごとに設定した節目として「マイルストーン」と呼ぶ場合もある。

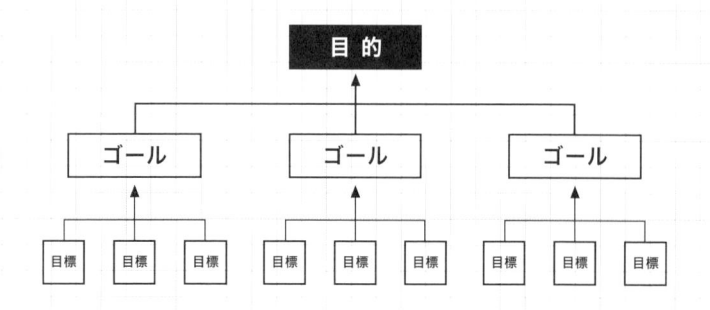

TOPICS 02

チームワーク

チームは、個人ではできないことを可能にする。複数の個人がただ集まったグループでは不可能なことを、チームは実現できる。チームとそれを率いるリーダーがよい状態でさえあれば、難易度の高い課題に対してもよいパフォーマンスが期待でき、そのビジネスは高い確率で成功する。複数の人々が集まり目標に向かって力を合わせ、単なるグループとしてではなくチームとしてうまくやっていくためにリーダーがメンバーを束ねることで、プロジェクトの成功が近づくはずだ。

クリエイティブ産業では特にチームワークを重視しており、映画「トイストーリー」など数々のヒット作で知られるCGアニメーション制作会社ピクサー・アニメーション・スタジオでは、役員が「アートはチームスポーツだ」という。映画はひとりでつくれるものではなく、修正を繰り返しよい作品にしていくには優れたチームでないとできないという。同社の本社ビルには会長である故スティーブ・ジョブズ氏の意向でコンピューター技術者、アニメーター、管理の三者がアトリウムで交わるように利便性を犠牲にしてまで機能を集約している。

TOPICS 03

マーケティング

マーケティングとは、法人が行うあらゆる活動のうち「顧客が求める商品・サービスをつくり、その情報を届け、顧客がその商品を効果的に得られるようにする活動」のすべてを表す概念である。広告・宣伝、集客や販促といった活動だけがマーケティングと捉えられる傾向が強いが、これは本来のマーケティングの意味に沿ったものではない。むしろ、企業活動において対顧客視点での活動が行われない製造ライン、研究、経理、人事などの部門以外のすべてはマーケティングといえる。

『マーケティングを知っていますか』
鹿嶋春平太著、新潮社

マーケティングに興味を持つ学生が教授に教えを請うという設定で、すべての説明が会話体で展開されていて親しみやすい。マーケティングとはそもそも何かという基礎から解説しつつ、マーケティング手段である製品・価格・チャンネル・セールスマン・広告を組み合わせる方法を哲学・経済の理論やケースを交えながら論じている。

6. 時限目

ヒトを動かす企画書のつくり方

この時限では企画書のつくり方を学びます。ただし、漫然と企画書の体裁を整えることを目標とするのではありません。企画書本来の役割を捉え直し、プロジェクト推進のために、関わるヒトを動かす企画書を生み出すことが重要であることが分かるでしょう。

推進力のある企画書は、思いつきで、また瞬時に完成するものではありません。ここでは、つくり方をフローで示しながら企画を練り上げ、躍進させる手段を解説します。そして、企画書の切り口もさまざまな観点から考えて設定することを学びます。

PHOTO : Roy Mehta

チームプレイが必要なスポーツでは、プレイヤーを有効に動かす作戦盤が効果的である。プロジェクトでも、参加者を動かす効果的な企画書は欠かせない。

ヒトに動いてもらうには

それでは、この時限では企画書のつくり方を学んでいきましょう。

でも、いきなり企画書をつくるための方法論を話すのではありません。そもそも企画書とは何か？ 何のためにあるのか？ を認識してからでないと、企画書づくりはうまくいきません。よく「仕事がうまくいかない」というとき、その理由は、何が問題か分からないとか、取り組んでいることの本質が見極められていないからだと思うんですよね。

前の時限のおさらいにもなりますが、企画とはなんでしたっけ？

プロジェクトを企てること。

お、優等生な答えですね（笑）。「クワダテルこと」、いいですね。

さて、その企てたプロジェクトを進めるためには特に何が必要でしたか？

ヒトに動いてもらうこと。

そうです。プロジェクトを推進するためにはヒトに動いてもらう必要があるんでしたね。

よい企画書はヒトを動かす

当たり前ですが企画書の目的は、プロジェクトを推進することです。そして、プロジェクトを推進するというのは、ヒトを説得してヒトを動かすことです。

建築やプロダクトの設計ってピュアに、より格好いいものを机上で、紙の上で、最近ではPCで、CPU上で、メモリー上で[1]できますよね。でも結局、モノをつくらなければいけない。そのためには多くの人に手伝ってもらわないとできないですよね。しかも、建物

は竣工式の後すぐに解体することはなく、長いこと使ってもらわなければいけない。特にそれが商業的なものであれば、使い手側の意向を汲み取ったり、場合によってはほかの領域のクリエイターとコラボレーションする必要があります。

プロジェクトを推進するには、クライアントやテナント関係者以外にも多くの人とコミュニケーションを図らなければなりません。チーム外でコミュニケーションをとる相手は、例えば役所であったり近隣であったりもします。結局のところ、ヒトなんです。で、ヒトが動けば、おカネが動きます。

そして、ヒトを説得したりヒトが動く際には、「イメージがより共有された状況になっている」ということが欠かせません。

> **1 CG 建築について**
> 1990年代の初頭から、建築デザインにコンピュータ・プログラムが利用され始めた。初期は既存のデザインプロセスをCADやCGといった技術に置き換えただけであったが、現在ではデザイン自体にコンピュータ・プログラムを用いる手法が注目されている。

企画を進めるための書

企画という仕事においては、プロジェクトの成功のイメージをつくるように働きかけるいろいろなやり方があるのですが、「企画は企画書をつくることだ」と思い込んでいるケースがけっこうあります。これは、とても大きな間違いです。

上司に「お前、ちょっと企画立ててこい」って言われると、世の中は便利なもので PowerPoint などに入っている企画書テンプレート[2]をまず開く、なんて人がいます。こういうテンプレートは優秀なもんで、企業戦略とか競合他社分析だとかに使えそうな雰囲気たっぷりにつくられています。テンプレートの空欄を埋めていくと、それなりの体

裁の企画書が一丁上がりでございます。

でもこれは、本当に何を実現したいのかを企てて、その方向に向かってヒトを動かすための行為でしょうか。ただ、企画書と呼ばれるモノをつくってみただけになっていないでしょうか？　企画書は「企画を推進するための書」になっていないといけません。

これは僕が広告学校[3]に通っていたときに聞いた話です。あるクリエイティブディレクターは企画を通すために、クライアントへ手紙を書いてその文を読む、というだけのシンプルなプレゼンテーションをしているということです。すごく面白かったですね。この手紙、要は、「先日のオリエンテーションではありがとうございました。御社は今までの蓄積を活かして云々…」とか、そのクリエイティブディレクターが感じたことを書き綴り、「こういうふうに御社はなっていったほうがいいんじゃないんですか」「こういうイメージを持ってもらって、こういう商品を際立てていったほうがいい」といった企画提案を、文章だけで伝えるということです。きっと、親戚に真面目に手紙を書くような文体で。これぞまさしく、「企画を進めるための書」ですよね。

2　企画書のテンプレート

PowerPointなどのプレゼンテーションソフトでは、正規・サードパーティ・フリーのものまで、多様なビジネス上のテンプレートが活用できる。テンプレートを開くと、チャートごとに会社名・売上予想などのデータを入力すれば企画書が完成するようにあらかじめ設定されている。時には（どんな商品を扱っているのであれ）自社が優位なポジションに見える、競合他社との比較表まで準備されている。ただし、競合他社も同じようなフォーマットで同じようなプランをつくっている可能性は否定できず、ルーティーンワークとしての企画書作成を助長する側面もある。

3　広告学校

2008年に休刊した雑誌『広告批評』が主催していた、広告表現を学ぶカリキュラム。現在、広告関係のクリエイティブ育成の場としては雑誌『宣伝会議』が主催する「宣伝会議コピーライター養成講座」がある。

企画書の要素と構成

　企画書というのは一般的には、テキスト、ビジュアル、その企画自体とその構造、デザイン・体裁といった要素からなります。これらの要素がしっかりと連動し、企てた目的に向かって説明・説得をし、納得を促すものでなければなりません。

　そして少しやっかいなのが、同じ企画の内容でも場合によってそれらの構成を変えなければならないときがあるということ。例えば、ある事業の企画でも、デザイナーに仕事を依頼するときと、銀行に行っておカネを借りなければならないときとで、まったく同じ内容の企画書類を持っていってもたいていの場合うまくいきません。デザイナーに依頼する場合には、話が膨らみプロジェクトのクリエイティブな側面で魅力的な要素を中心に構成したほうがきっとうまくいくでしょう。銀行の場合には事業収支だけでいいこともあります。

　皆さんはきっと、過去に学校で学んできたプレゼンテーションのフォーマットがあり、それに準じた要素を揃えて構成することには慣れていると思います。でも例えば就職活動という場では、それがいいことかどうかは置いておいて、まったく違うフォーマットが要求されているのではないでしょうか。エントリーシート[4]を書いて、リクルートスーツを着てグループ面接を受けるというように。これは企業側が、彼らの基準でよい人材を採用するという目的に準じて用意した要素と構成だともいえます。

　このように、企画書を見せるときの手続きなども含めて、目的に

沿ったかたちの適切な要素で最適な構成を練ります。企画書は、通常少ない人数で共有しコントロールできるものですから、その検討と修正は何度も繰り返し行われるべきだと思います。企画書のつくり方をフローでまとめたものをお配りします（P.119）。

ここで示しているフローは、あくまで僕の、不動産・建築に関する企画書のつくり方です。新規事業計画や街づくりの計画案であれば、少し変わってきます。ただ、大きな流れは一緒です。そして、このフローは1度終えれば完成するというものではありません。前のステップに戻り、何度も修正を繰り返しながら詰めていきます。企画書は、手を入れながら成長していくものと捉えてください。これから、1つひとつのステップを具体的に解説していきましょう。

4 エントリーシートとレジュメ

欧米でレジュメと呼ばれる履歴書は、日本でいうところの職務経歴書に近く、手書きではなく電子ファイルで、書式は特に定められてはいない。差別につながる性別・年齢・顔写真などを記入する必要はなく、学歴は最終学歴のみで、職歴を最新のものから逆時系列に並べるのが特徴。企業への忠誠心などの精神的なものより、「即戦力」を重視する実利的文化が表れている。

❶ 視察とソウゾウ

企画はどんな中身でも、土地や建物の視察から始まります。これはほとんどすべてのプロジェクトで共通していることで、可能な限り現地を見に行きます。図面とか、航空写真とか、まあ今ではストリート・ビュー[5]とかあるから、そうしたものを見れば少し行った気になれて本当に便利になりましたけど、僕の能力が低いのか、アナログな方法で確立してしまったのか、やっぱり現地に足を運びます。リアリティが重要ですし、自分自身がまず被験者にならないと始まらな

❶ 視察とソウゾウ

- 環境を視察する
- 時間を大事にする
- 視察前の勝手な想像
- 視察中の勝手な創造

⬇

❷ アイデア抽出・構造化

- 思い浮かぶアイデアや要素をアウトラインソフトなどで片っ端から整理する
- 複数人でのブレインストーミング

⬇

❸ ディスカッション

- ファシリテーションの活用
- ポスト・イット、ホワイトボードなどの道具の活用

⬇

❹ エレベータープレゼン

- 短い時間で説明することで企画の骨子を強くする

⬇

❺ ブラッシュアップ

- 身内や他人に説明することでコアアイデア、コアコンセプトをまとめる

⬇

❻ チームメンバーへのファーストアタック

- 簡単なドラフト版をまとめる
- メンバーとなるヒトに説明し修正を加えていく

⬇

「第1版」完成（その後も修正は続く）

いというか。例えば、Google Earthで見ても、リアルタイムで歩いている人はいないじゃないですか。ある時間に、その場所に、どんな人がいるのか。そういうことが企画の種になったりするので[→ **企画の元ネタとストック方法** (P.132)]。

　あと、スケール感や最寄りの交通機関からのシークエンスなんかも重要です。数字だけで表される面積や距離とは違うよね。この視察というものを効果的に行うための僕なりの方法が、「視察に行く前の想像」と「視察中の創造」というものです。

　まず、視察の前に時間をとり、地図や図面、ネットから得られる情報を元に、イメージを自由に膨らませます。このときには、正確性は求めず可能性を広げるようにします。無責任にいくつかの案を出し、想定していきます。

　そして現場に行った際には、時間を大事に使うよう注意しなければいけません。まず、時間はある程度長くとることが大事ですね。あとは、目的に合った時間に行くということです。例えば、幼稚園の企画なのに、夜になって敷地を見に行っても意味がないですね。朝昼晩の時間帯もそうですし、天候にも注意が必要です。晴れているときの印象がよすぎても、客観的な企画案が立てられないかもしれません。例えば、台風がものすごい頻度で来るリゾート島での配棟計画となると、注意が必要ですよね。

　現場では、歩き回ってその土地や建物自体だけを見るのではなく、どうなったらよいのか、その場で事前に想像した案と現実とのギャップを検証しながらエスキス[6]をしましょう。

　このとき、自分自身がどうこうというのではなく、想定されるユーザー、

例えば住宅であれば入居者、ホテルであれば宿泊者などの立場だったらどのような印象を持つかをイメージしてみます。しかもそれは、建物や施設単体だけでなく、周辺環境と一体となった体感として想像します。

また、アイデアを出すためにあえてネガティブなポイントを探します。その問題や課題を解決するためのソリューションがプロジェクト全体の方向性を決定するキーファクターになったりもします。

とにかく、現場の視察で押さえるべきことは、規模・スケール感やあり方など企画の土台となる情報です。それと同時に、キーファクターやひらめきなど、アイデアの元になる要素、アイデアを広げる要素を可能な限り出しておきます。

> **5 ストリート・ビュー**
> Googleによる、マップ上の道路沿いの風景を公開するWEBサービス。基本的には車に搭載したカメラで2.05mの高さ（当初2.45m）の公道を撮影しており、私道や車の入れない山道などは見ることができない。また、視線の位置が高いため現実に体験する印象とは異なる。
>
> **6 エスキス**
> スケッチのフランス語「esquisse」のことで、設計における図面の下描きや構想段階のスケッチならびにそれらの行為全般を指す。

❷ アイデア抽出・構造化

次に、改めて企画の元となるアイデアや要素をより多く出して視点を大きく広げ、それを集約していくことが必要です。

複数で行う場合は、皆さんご存じかもしれませんが「ブレインストーミング」、略してブレストと呼ばれる会議をしますね。僕は、ブレストの前にひとりでだいたいの概要をアウトラインプロセッサ[7]でまとめます。

世の中には多くのアウトラインプロセッサがありますが、今日はMicrosoft Wordにも標準で入っているアウトライン機能で、その使い方を簡単に説明します。

思いつくキーワードを入力していきましょう。ええと、「レクチャー」「専門学校」「A大学」「企画について」「飲み会」というように。これらのランダムキーワードを移動し、親・子・孫の関係の、気の利いたツリー構造にすることができるのです。このときに、どのような帰属関係にするかでまったくイメージが変わります。

例えば、次のようにしてみましょう。

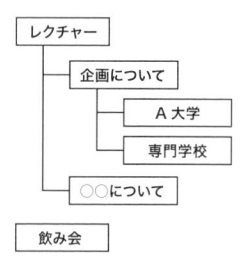

```
レクチャー
  ├─ 企画について
  │    ├─ A大学
  │    └─ 専門学校
  └─ ○○について

飲み会
```

これだと、僕は「企画について」という講義以外の授業をやっている構造がイメージできますね。これを入れ替えるとどうでしょう。

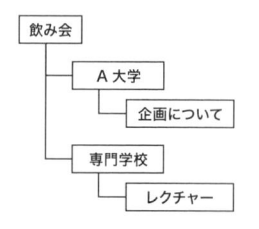

```
飲み会
  ├─ A大学
  │    └─ 企画について
  └─ 専門学校
       └─ レクチャー
```

こうすると、僕は飲み会について考えていて、A大学では企画についての飲み会があって、レクチャー関係で専門学校でも飲みに行くという構造になります。

このように、片っ端から出したキーワードを、どのような企画に活

用するかという方向によっても、ツリーのシステムは変化します。

　こういった構造化は、一見すると正しく見えますが、整理のために主観をたっぷりと使う乱暴なものでもあるので、注意も必要です。経営コンサルティングなどでは、ツリーの枝が6つ以上になっていると混乱するので、それ以下にするためにその上位概念でまとめて、なるべく3つくらいにしなさいなんて教わったりもします[8]。例えば、次のようなツリーは、右のようにすると分かりやすくなりますね。

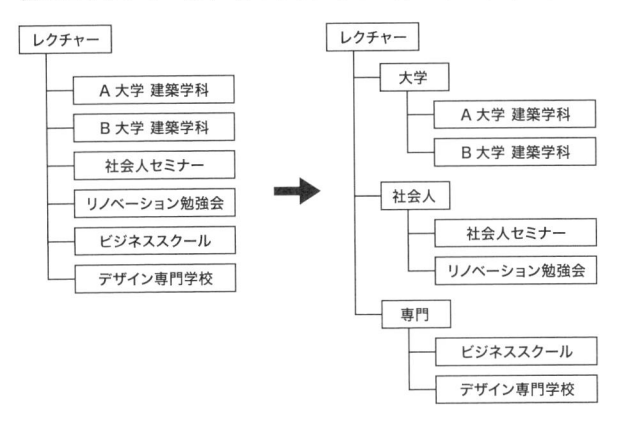

```
レクチャー
├── A大学 建築学科
├── B大学 建築学科
├── 社会人セミナー
├── リノベーション勉強会
├── ビジネススクール
└── デザイン専門学校
```

→

```
レクチャー
├── 大学
│   ├── A大学 建築学科
│   └── B大学 建築学科
├── 社会人
│   ├── 社会人セミナー
│   └── リノベーション勉強会
└── 専門
    ├── ビジネススクール
    └── デザイン専門学校
```

　でもここには恣意的な要素もあって、本当はこんな考え方のほうが本質的である可能性もあります。

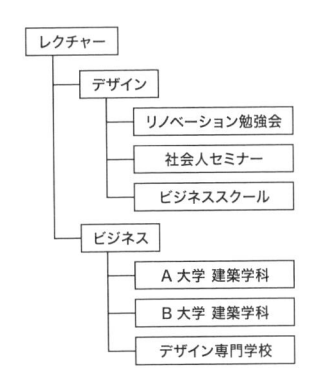

```
レクチャー
├── デザイン
│   ├── リノベーション勉強会
│   ├── 社会人セミナー
│   └── ビジネススクール
└── ビジネス
    ├── A大学 建築学科
    ├── B大学 建築学科
    └── デザイン専門学校
```

6時限目　ヒトを動かす企画書のつくり方

デザインを教えていそうな場所でビジネスを、ビジネスを学んでいそうな場でデザインを教えるとかね。

似たような方法に、ひとつのテーマを中心に据えて、そこから枝を広げていく「マインドマップ」と呼ばれる手法もあります。

また、別のツールでは、ツリー構造にこだわらないものもあります。僕が気に入って使っているソフトが Frieve Editor [9] というものです。ランダムに思いついた言葉を、かなり自由につないでいけます。つなぎ方に方向性があり、しかもツリーではなくネットのように閉じたり開いたりする関係性もつくれます。シャッフルしてくれたり自動で整理してくれる機能も付いていて、非常に操作性が高く気持ちのよいソフトです。ほかにもいっぱいあるので、自分に合ったもの、状況に合ったものを使うとよいと思います。

このような方法を活用してアイデア全体の把握やある程度の構造化を行うことで、自分の頭も整理されるし、その後のチーム内のブレストの質も高まると実感しています。

複数のメンバーで行うブレストに関しては、ほかに多くの参考書籍があるのでそちらを読んでもらえればよいと思います。ポイントは、メンバーの多様性を最大限に生かしてさまざまな視点からの意見やアイデアを増やすことです。また、それらをまとめる共同作業を通じて、チーム内の共通意識を育むことです。

[7] アウトラインプロセッサ

コンピュータの文書作成ソフトウェアで、文書のアウトライン構造（全体の構造）を定めてから、細部を編集していくために用いられる。英語では outliner という呼称が一般的。

[8] 『考える技術・書く技術―問題解決力を伸ばすピラミッド原則』
バーバラ・ミント著、山崎康司訳、ダイヤモンド社

論理的な文章を書くための必読書。物事の整理を階層立てて行うテクニックが、分かりやすく解説されている。書き込み式で習得するためのワークブックも出版されている。

[9] Frieve Editor

思考の整理や、アイデアの発想を支援するエディタソフト。フリーソフトウェアながら、操作性の高さと感覚に訴える動きに定評がある。www.frieve.com/feditor/

❸ ディスカッション

　複数のメンバーで打ち合わせを行います。先ほど挙げたようなツールを使ってブレストの内容をひとつの構造体にまとめたら、ミーティングの際メンバーに「こんな感じのことまで考えたけど、まだここがなんかモヤモヤしていて見えない」というように議題を振ります。部分の最適化におさまらず、構造自体をメンバーとともに組み直す場合もあります。そうできる状況になっているというのは、チームで深いところまで共に考えて合意形成している証拠なのでハッピーですね。

　ブレストでもそうですが、その会議自体をデザインしファシリテーション[10]を行う人のスキルによって、アウトプットの質が大きく変わります。

　ちなみに、僕はホワイトボードが必要なタイプです。会議準備やまとめに時間をかけられる場合は必要ないのかもしれないのですが、会話しながら内容をまとめていく場合はホワイトボードが効率がよい印象があります。皆さんも普段から、ブレストやディスカッションの訓練を意識的にするとよいと思います。

　モノづくりを志す方々は、頭のなかを構造的に整理する能力はずいぶん開発されているはずなので、さらに強化すべきはコミュニケーションの部分でしょうね。ここで言うコミュニケーションというのはプレゼンテーション能力だけのことではありませんよ。むしろ他人の意見を聞く力・引き出す力です。

　シャイな人が多い日本では特に、よい考えやアイデアを持っている人がいても、こちらから働きかけないと教えてくれない場合が多いですよね。ミーティングがうまく盛り上がり、新しいアイデアやコンセプトをメンバーと共有できると、そのプロジェクトにとても弾みがつく

し、自分自身のモチベーションも非常に上がります。それまではバラバラだった、個々人の雲形のモヤモヤをひとつに重ねるためにも、ミーティングは重要です。

> **10 『発想する会社！
> ―世界最高のデザイン・ファーム IDEO に学ぶ
> イノベーションの技法』**
> トム・ケリー著・鈴木主税訳、早川書房
>
> 世界中の注目を集めているデザイン・ファーム IDEO のゼネラルマネジャーが、同社のさまざまなイノベーションの技法を公開。ブレインストーミングについても、7つの秘訣として「出てきたアイデアを否定しない」などの効果的なルールを解説する。

❹ エレベータープレゼン

ここまでくると、「なんとなく雰囲気は分かってきたんだけど、グシャグシャッとしているなあ…」とすっきりと整理できていないことが多くあります。これをまとめるのにお薦めの方法が「エレベータープレゼン」です。これは、ひとつの状況を想定して、考えをシンプルにまとめる方法です。

あなたは、とある事業、もしくはプロジェクトを企画構想中です。それを進めたいけれど、例えば、会社員であれば社長だったり、起業家であれば投資家に支援してもらわなければそれは実現できません。そこでその人に会いに行きアポイントをお願いするのですが、いろいろと理由をつけて断られてしまいます。失意のもとエレベーターに乗ると、なんと会わせてもらえなかった、協力を依頼したい張本人と乗り合わせました。そのエレベーターは1階に降りるまでに3分かかります。この急に手にした短い時間であなたは何を話せますか？　という状況です。立ち話ですから、準備した資料などをカバ

ンから出して見せるわけにもいかないでしょう。口頭で、その企画のどこが魅力的で、協力するとどんなメリットがあるのかを、どれほど正確に伝えられるかが重要です。

3分間程度で、口頭のみで説明するというプロセスを踏むと、無駄なお化粧が落ちてとてもシンプルにその企画の本質が見えてきます。これは後ほど、皆さんにもやってもらう予定です。

同じように、「ひとことで説明してみる」というのも、情報が多く装飾過多になった企画を骨太に、その方向性や骨格をしっかりと組み上げられるよい手法です。

❺ ブラッシュアップ

一方的な説明だけでなく、気心の知れた人とのディスカッションも有効な手段です。この場合は、むしろ自分に対して気兼ねのない人や、進めているプロジェクトと直接関係のない人に簡単に説明をして、協議をしてみると物事が整理されてくることが多いです。

例えば、家族のように気を遣わない人とか、親友とか、別のジャンルで働いてる人などに、やりたいことやまとまってきた企画の内容を説明し、質問してもらうところから始めてみましょう。

プロジェクトに参加しているメンバーは共同体なので、徐々に前提条件の共有が進んでいて、ラディカルな意見が言いにくくなることも多いものです。ところが全然関係のない人は、無情にも「何それ?」とか「やる意味あるの?」といった恐ろしい言葉を

6時限目 ヒトを動かす企画書のつくり方

平気で口にします(笑)。そのような意見にも耐えて、やりたいことのメリットをしっかりと説明し理解してもらうプロセスを踏むことで、非常にタフな企画にまとまっていきます。

❻ チームメンバーへのファーストアタック

　これまでに進めてきた内容を、簡単でよいので、とにかく数ページの構成でまとめてみましょう。そしてメンバーに説明をして、最終的な意見をもらい修正を加えます。

　ここまでくるとすでに、言い訳の聞かない本番に突入しています。これまでに情報共有は進んでいるので、モックアップの形式やデザインなどにはこだわらなくてもよいのですが、どのようにまとめ上げ、どの方向に進んでいくのかはしっかりと考えましょう。ここでメンバーの気持ちをつかまないと、その後のプロジェクト推進にも悪い影響が出てしまいます。

　例えばメンバーとなるデザイナーに、まとめてきたプロジェクト内容を改めて伝え、デザインを依頼するとき、その方向性が明確でないとぼんやりしたアウトプットしか引き出せないかもしれません。でも企画の内容が固まっていて、そのゴールのために設定したハードルがあると、デザイナーにも高いモチベーションで仕事をしてもらえる。この段階でもデザイナーなどメンバーには意見はもらうべきですが、修正はなるべく多くないほうが正しい。この段階で修正が山のように出るなら、それまでのやり方が間違っていると思ったほうがよく、初めに戻ってやり直したほうがよいでしょう。

　こうした流れで、ようやく企画書の「第1版」ができ上がります。ただ、これまでのステップを順々に進んでくることができていればよいのですが、時には前のステップに戻らざるを得ない場合も出てきます。このように、ひとことで企画書といっても、それをまとめ上

げるのは苦労も悩みも多い仕事です。それでも、何もないなかから自分やチームメンバーの脳みそを使って新しい概念をまとめ、それを元にヒトに動いてもらうのは非常にやりがいのあることです。

企画書の切り口は具体と抽象で考える

最後に、企画書をまとめていくときの切り口についてお話しします。切り口は現実的で具体的な側面と、抽象的な側面のふたつにグルーピングされます。

具体的な切り口では、「サイト」「プログラム」「チーム」「事業収支」などが挙げられます。抽象的な切り口の代表格は、「コンセプト」「イメージ」「ターゲット」「ペルソナ」です。

「どんな場所に何を、誰がいくらでつくる」が、具体的な切り口といえるでしょう。抽象的な切り口は、「どんな概念で、どんな感じの人向けに、どんな雰囲気を提供する」といった部分を指すでしょう。

これらの切り口が、お互いに影響を及ぼします。それぞれ少し詳しく説明しましょう。

「サイト」とは立地のことですけど、土地形状などの場所自体や土地の値段とか、その街のポテンシャルといった場所性などのロケーションに関わるさまざまな内容が含まれます。そのどれに着目するかで、何をつくるべきかの「プログラム」や、どんな人を対象にするかという「ターゲット」の内容が変わってきます。

「プログラム」については、新しいものを生み出すためには、常に相乗効果を念頭に入れて組み立てます。

「チーム」自体も重要です。メンバーそれぞれの役割やキャスティング、コラボレーションをしていいものを生み出すことや、力のある

メンバーが持つプレス力なども含みます。

「コンセプト」。これはコピーだったり名前だったり、「ひとことで言うと？」というものが、こう呼ばれますよね。このコンセプトというものをどう押さえるかは非常に重要です［→ **コンセプトについて**（P.133）］。

「イメージ」とは、デザインの方向性や喚起される絵や詩だったりしますね。まだ存在しないものを、想像できるようにするための手段であれば何でもよいです。参考になる写真・映画・漫画・建物・街など。

「ターゲット」は非常に難しく、性別や年齢などでも分けられますが、むしろどんなタイプというか種族というか、何が好きでどんな志向性があるかを意識できるようにしたほうがよいでしょうね。今は雑誌の元気が急速に落ちてきていますが、以前は例えば『GQ』『FRAME』『暮らしの手帖』など特定の雑誌を読んでいる人とか、そういうグルーピングをしてターゲットを明確化したりしました。

「ペルソナ」というのは、どんな人がどんな行為をそこで起こすか、という体験のデザインです。客観的な視点だけでなく主観的なカメラから何が見えるか検討する、要はシークエンスみたいなものです。このあたりは、建築を学ぶ方々は訓練されているからすごく活用できる切り口だと思います。この建物には老人が来たらこうなるし、あのビジネスマンが来たらこうなりますよ、みたいなこと。それらがターゲットと連動して納得感を生み出すという効果があります。

このような切り口をカバーしながら全体をひとつにまとめていって、ようやく企画書ができ上がります。これまでに説明したつくり方や切り口は全部、僕が普段やっている内容なので、きっともっとよいやり方があると思います。皆さんにも、独自に開発していってもらいたいですね。

以上が企画書のつくり方でした。何度でも言いますが、企画書はそのものをつくることが目的でなく、企画を推進するためのヒトを動かす手段にすぎないので、そこは間違いのないように。

企画書の切り口

切り口それぞれの変更が互いに影響を及ぼす

具体 ⇄ **抽象**

具体	抽象
サイト 場所（性） マーケット 立地	**コンセプト** コピー 名前 ひとことで言うと
プログラム 相乗効果 普通ではダメ	**イメージ** デザインの方向性 喚起されるモノ
チーム コラボレーション プレス	**ターゲット** 横軸 雑誌読者層
事業収支 貸借対照表 損益計算書	**ペルソナ** 主観カメラ 体験のデザイン

TOPICS 01

企画の元ネタとストック方法

企画のリソースは、必要になる段階で揃えるのではなく、普段から多岐にわたってストックしておくことが望ましい。新しい価値観やアイデアをつくるには、多くの刺激を受けることが重要であり、そのためには企画対象の周辺だけでなく異なる地域や街、また国内だけでなく海外に出て、違いを体感することが効果的である。特に学生には時間の自由度を活用すべきと強くリコメンドしたい。
また、当然のことながら読書・映画・アートなどの創作物から、その創意やイマジネーションに感化されつつも読み解くことは大切なことだ。この場合は特に建築・街やデザインなどと関係ない分野のものこそお薦めしたい。判断力を高めるためには、ネットから多くの視点・データを合理的に得られるようRSSなどを活用したい。上に挙げた3種のインプットは、それぞれ「体感・感化・判断」と微妙にニュアンスが異なるので意識的にバランスをとりながら取得を目指す。

これらで得たアイデア・情報・思考などをストックしなければ、後に利用できない。その方法は手帳やアプリケーションの活用などさまざまだが、大量のデータから探し出すにはEVERNOTEが今のところ機能性が高く使用している。これらの日常的な準備が、案件の発生時に非常に大きな効果を発揮する。

▼ RSSの例 (GoogleReader)

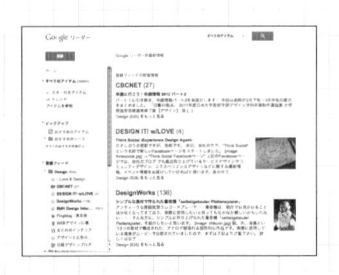

www.google.co.jp/reader/

▼ EVERNOTE

www.evernote.com/about/intl/jp/

TOPICS 02

コンセプトについて

コンセプトという言葉は、全体を貫く基本的な理念として使われる場合が多い。建築・街などのモノづくりプロデュースにおいては、利用者＝ターゲットや関係者に何を提供するのかを明確にする何かであり、それを分かりやすい言葉や図版などで表したものといえる。

コンセプトは単なるクライアントに説明するためのキーワードであってはならない。特に空間の場合は不特定多数の人に影響を及ぼすので、多くの人に伝わりかつ斬新なコンセプトの立案が重要である。表層的に伝わりやすい意味の言葉（例えば、美しい・癒しなど）を安易に使用するのは、むしろ深いレベルでのコミュニケーションとならないので注意が必要だ。また新しさの伝達も（特別な狙いがある場合以外は）、一部の限られた人にしか伝わらないものは避けるべきである。新規事業のコンセプト立案では、単なる差別化をうたっただけのものになっていないか注意が必要である。

自由な市場では、一般に複数のプレイヤーが同じようなビジネスを行うことで競合状態になる。その際に、価格競争や販促などで戦うこと以外に、商品自体のスペックやお化粧としてのブランディングを戦術として実施し競争する。競合に対する差を表現するだけのパッケージとしてのコンセプトではなく、強度のあるコンセプトを目指したい。そのためには、競争にさらされることのないユニークで、新しさゆえに既存のコストを圧縮できるという視点が必要である。また、デザインが商品価値に及ぼす割合が大きいプロジェクトこそ、デザインのコンセプトの上位に商品自体のコンセプトをしっかりと設定すべきである。商品の価値はデザイン以外にも価格・機能などの多くの要素が複合されて消費者に届けられるので、コンセプトはそれらを統合したものであるべきである。

『ハイ・コンセプト「新しいこと」を考え出す人の時代』
ダニエル・ピンク著、大前研一訳、三笠書房

歴史的に見て価値の高いものは、第一次産業から第二次産業へ近年では情報へと移動してきており、現代ではコンセプトが重要だと説く。このような時代では、情報時代には最も価値があるとされてきた医師・会計士・弁護士などのプロフェッションまでもが、コンセプトが加わらないと大きく価値を減じてしまうのだ。この本ではコンセプトを、1. 機能だけでなく「デザイン」、2. 議論よりは「物語」、3. 個別よりも「全体の調和」、4. 論理ではなく「共感」、5. まじめだけでなく「遊び心」、6. 「モノ」よりも「生きがい」の感性として定義している。

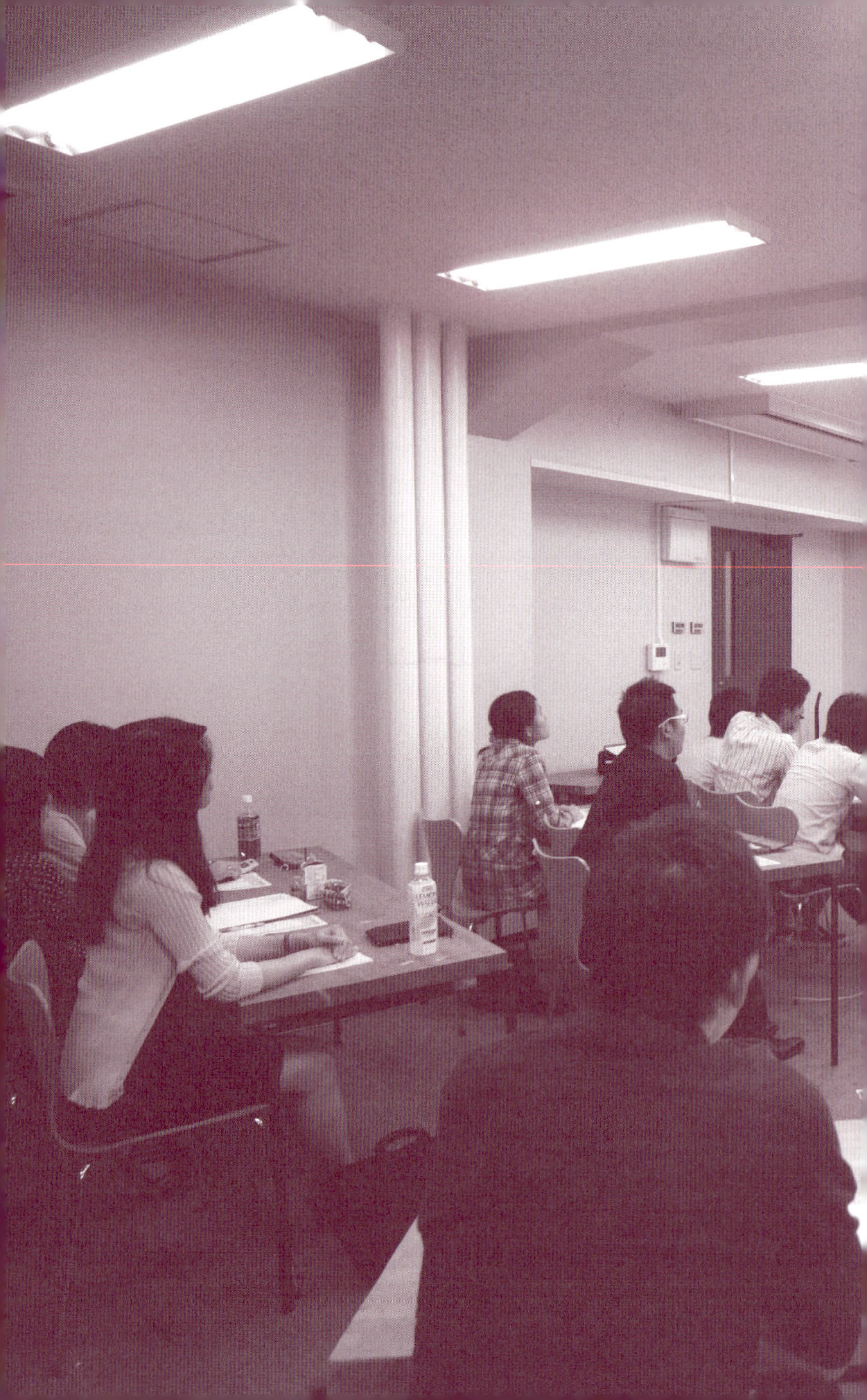

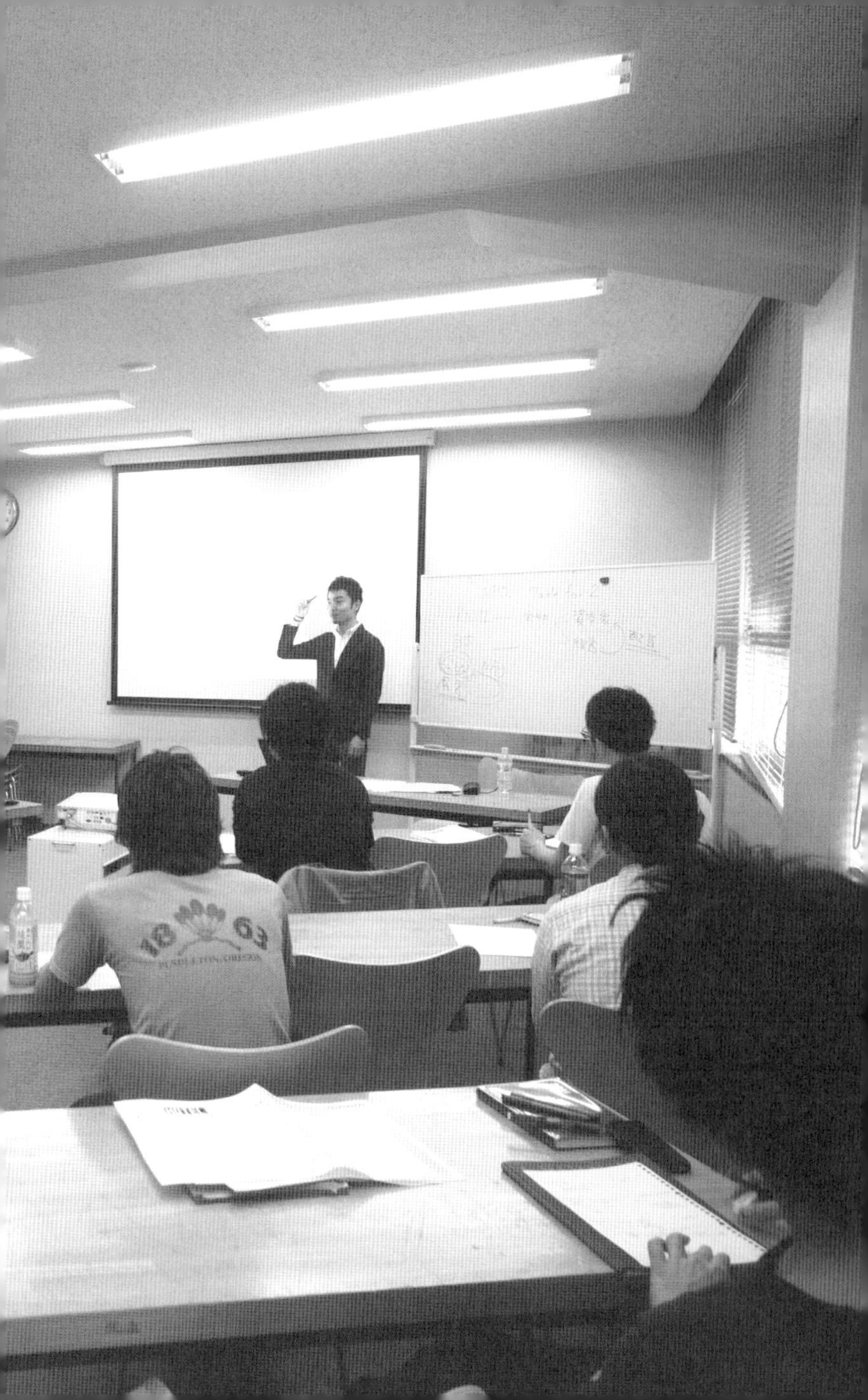
18 63

「豊臣秀吉朱印状 天正20年4月22日 加藤清正宛」
所蔵：佐賀県立名護屋城博物館

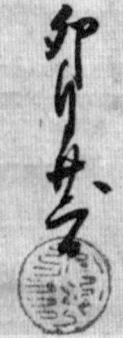

豊臣秀吉が加藤清正に宛てて書いた朱印状。筆まめといわれた秀吉だが、天下統一の前後は特に多くの手紙を送り、人の心と時代を動かした。自分の企画書はどうだろうか。

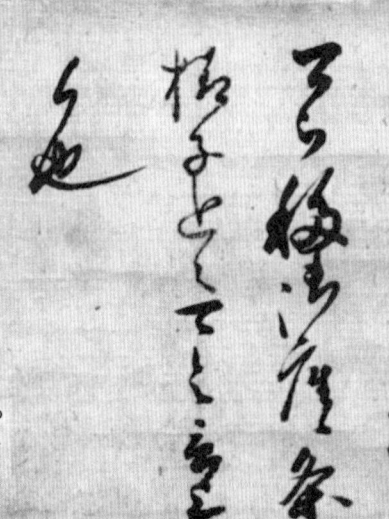

7 時限目

実際の企画書を見る

僕がこれまでに実際に作成したプレスリリースや企画書を分析して、それらに込められたエッセンスを学びます。それぞれの構成や順番、流れ、強調すべきポイントを確認していきましょう。読み手の興味を高めて行動を促す、説得力のある企画書づくりのコツが分かるでしょう。
そして、企画書を用いたコミュニケーションの秘訣を伝授します。相手や状況に応じて調整していくことはどのようなことでしょうか。プレゼンテーションや会議でも役立つはずです。

2003年夏 新しいカタチのホテル「クラスカ」がオープン

都市デザインシステムは、開業34年の「ホテルニュー目黒」をリノベーションし「クラスカ」として2003年夏に開業いたします。

多分野のクリエイティブなメンバーが参画する本プロジェクトは、目黒エリアにおける「新しいスタイル提案の融合」をコンセプトにし、全く新しいプログラムでの再生を目指しています。老朽化したホテルを「どう暮らすか」という問いに対する多様な答えを組み合わせることによって、これまでに無いカタチのホテルとして生まれ変わらせたい。"CLASKA"という名前には、そんな思いが込められています。

クラスカのある目黒という エリアは、都心部では味わうことのできない東京の日常的な風景に加え、近年インテリア街として発展してきたことを背景に、クリエイティブな香りのする場所としても知られており、リアルな東京を感じられるポテンシャルの高い場所として評価されています。

8階建てのこの建物をコンセプトに合わせ再構築します。

9部屋に限定した客室(4-5F)は、どれ1つ同じ間取りの部屋はなく、120㎡を越える大きなタイプ、テラス付きタイプ、ビューバスタイプ等、通常のホテルでは体験できないユニークな仕様としました。1Fのロビー・カフェでは単なる飲食サービスにとどまらず、イベントやパーティーを楽しんでいただける大人の遊び場としてのラウンジ空間を提案します。

ホテル部分の建築デザインの、クリエイティブディレクションにはインテンショナリーズ(代表:鄭秀和)、インテリアディレクションにはt.c.k.w(代表:立川裕大)を起用し、「アジアにおける日本発信の意匠」を実現。また、エントランスのインスタレーションアートはイギリスのグラフィックグループ・トマトによるもの。ロゴマークやサインなどのグラフィックにはタイケンのグリーングラフィックを起用。加えて、新しい文化を発信するギャラリースペース(2F)・オープンスタジオのワークプレイス(3F)・お客様が部屋の仕様をカスタマイズ可能な長期滞在型客室(6-8Fの27部屋)・ドッグトリミングサロン(1F)や新しいスタイルの洋書店等、多様なサービスを複合し、あらゆる局面において、今までの東京にはなかったホテルの創造を目指しています。「クラスカ」は、リアルな東京を楽しめる新しいホテルのモデルとしての地位を確立するものと確信しております。

このホテルは、都市デザインシステム(本社:東京都渋谷区、代表取締役社長:梶原文生)が総合プロデュースを行い、同社とトランジット(本社:東京都港区、代表取締役:中村貞裕)が協業し運営を担当いたします。

名称：クラスカ "CLASKA"
所在地：東京都目黒区中央町1-3-18
開業：2003年9月13日
総合プロデュース・経営：都市デザインシステム
運営：トランジット

6.7.8F	Residencial Hotel	27部屋（長期滞在用）お客様が、ライフスタイルに合わせて空間のカスタマイズを可能とする新しい暮らし方の提案
5F	HOTEL CLASKA	客室：9部屋 客室には高速インターネットインフラ、衛星放送対応フラットカラーTV、DVDプレイヤー、CDプレイヤーを完備。
4F	HOTEL CLASKA	
3F	Platform（ワークプレイス）	働く空間のシェアにより、新しいアイデアが生まれる場所をご用意します。
2F	Gallery CLASKA（ギャラリー）	アート展示会・各種イベントの開催が可能です。
1F	The Lobby（カフェレストラン）	「ホテルのロビーで遊ぼう」をコンセプトに、トランジットがカフェラウンジを提案します。
	DogMan powered by DogMan（ドッグトリミング）	ドッグマンが大との暮らし方の可能性を提案します。
	essence powered by HACKNET（書店）	ハックネットが、暮らしのソースとなるような本を提案します。

[本件に対するお問い合わせ先]
株式会社 都市デザインシステム 事業開発室 広瀬 郁（ヒロセイク）
渋谷区□□□0-0-0 ○○○○ビル4F TEL: 03-0000-0000 FAX: 03-0000-0000
東京都目黒区中央町1-3-18 クラスカ TEL: 03-0000-0000 FAX: 03-0000-0000

CLASKA

参考資料：「CLASKA」プレスリリース。2003年9月時点のもので、現状とは異なる点があります。

実際のプレスリリースに学ぶ

　この時限では、僕が過去に手がけた企画書やプレスリリースなどのアウトプットを確認しながら、企画・企画書をつくるうえで注意すべきエッセンスやヒントを勉強していきましょう。

　まずは、プレスリリース。プレスリリースというのは、普通は会社の広報がつくり、新聞社やマスコミに送って「ぜひ記事にしてください」というものです。ですから、まず「誰が・いつ・どこで・何を」という基本的な情報を正確に網羅しないといけません。それに加えてコンセプト、新しさ、コラボレーションなども含めて、ニュース性のある情報を挙げます。

　企画書の場合は、プロジェクトに関係するヒトの個性によって、またプレゼンテーションの相手によって、届けるべき内容を変える必要があります。前にも説明した通り、金融機関に融資を受けるための企画書と、デザイナーによいアウトプットを出してもらうための企画書はやっぱり異なるはずですね。

　けれどプレスリリースの内容は企画の骨格そのものなので、一般に、相手によって変化するものではありません。しっかりよい企画を立てられたら、プレスリリースは特に悩まずに書けるものです。僕自身、うまくいってる企画のプレスリリースはきちんと書けます。調整しやすい肉付けをされた企画書に対し、プレスリリースは装飾を省いた企画の骨格なので、企画にモレやブレがないか確認することにも活用できます。では実際に見てみましょう。

　これ（P.138〜139）は、僕が都市デザインシステムに所属していたころにプロデュースしたホテル「CLASKA（クラスカ）」で、自分で作成したプレスリリースです。A5サイズで、テキストと簡単なダイアグラムでシンプルに構成しています。

> 2003年夏　新しいカタチのホテル「クラスカ」がオープン

　新聞と同じように、見出しは重要です。読み手の興味を引くワクワク感が必要です。「リノベーション×ホテル」[1]という掛け算がその当時は目新しかったので、それを前面に押し出しました。今だと例えば、「病院×パブリックスペース」とか「農業×ソーシャルネットワーク」とかでしょうか。

> 都市デザインシステムは、開業34年の「ホテルニュー目黒」をリノベーションし「クラスカ」として2003年夏に開業いたします。

　本文の初めの一文は短くしながらも、「誰が・何を・どうして・どうする・いつ」など、5W1Hの中で重要な要素を盛り込んでいます。

> 多分野のクリエイティブなメンバーが参画する本プロジェクトは、

　というところでサクッと織り込んでおくのが、すごい人がいろいろ参加しているということですね。このような情報伝達においては、何がどのようなレベルで行われているかという内容の評価に勝るとも劣らず「誰がやるのか」が非常に重要な要素になる場合が多いからです。

> 老朽化したホテルを「どう暮らすか」という問いに対する多様な答えを組み合わせることによって、これまでに無いカタチのホテルとして生まれ変わらせたい。"CLASKA"という名前には、そんな思いが込められています。

　コンセプトとして「クラスカ」というネーミングを挙げ、リノベーションに対する思いを表しています。ここでは断定的な表現でなく、可

7時限目　実際の企画書を見る　141

能性を広げる前向きな意味合いで「思いを込める」という文章にしました。新しいホテルの提案だけれども、決して内輪の価値観を押し付けるのでなく、読み手との距離を縮められたらと考えました。

　ここまでで、どんなことを、どういう方向性で進めているか明らかにし、ここからはもっと具体的な内容に踏み込んでいきます。

> 8階建ての建物に対して、多様なサービスを組み合わせ再構築します。9部屋に限定した客室（4-5F）は、どれ1つ同じ間取りの部屋はなく、120㎡を越える大きなタイプ、テラス付きタイプ、ビューバスタイプ等、通常のホテルでは体験できないユニークな仕様としました。1Fのロビー・カフェでは単なる飲食サービスにとどまらず、イベントやパーティーを楽しんでいただける大人の遊び場としてのラウンジ空間を提案します。

　まずどんな規模なのか？　何階建てなのか？　という全体像が知りたいところです。そして、機能的な内容とか、一般のホテルとは異なり客室は9部屋だけに限定しているという事実を伝える。ただし、室数は少なくても120㎡を超えていると、フォローかつ興味を引く。続けて、その他の魅力をつらつらと。テラスもついてるよ、ビューのよいバスもあります、ユニークですとか（笑）。飲食だけではなくてイベントもできます、などとたたみかけます。

> ホテル部分の建築デザインの、クリエイティブディレクションにはインテンショナリーズ（代表：鄭秀和）、インテリアディレクションにはt.c.k.w（代表：立川裕大）を起用し、「アジアにおける日本発信の意匠」を実現。また、エントランスのインスタレーションアートはイギリスのグラフィックグループ、トマトによるもの。ロゴマークやサインなどのグラフィックにはタイクーングラフィックスを起用[2]。

より具体的に、誰が、どんなことをやってくれているか。ここでいかに著名人が名前を連ねているかということも、プロジェクトに対する期待値を上げる要素です。これは会社でいうと、出資者に著名な経済界の人や投資家の名前が載っているだけで、事業推進がしやすくなるのと同じこと。その道のプロフェッショナルがコミットしているというのは、広報力というレベルだけでなく重要な要素です。

> 加えて、新しい文化を発信するギャラリースペース(2F)・オープンシステムのワークプレイス(3F)・お客様が部屋の仕様をカスタマイズ可能な長期滞在型客室[3](6-8Fの27部屋)・ドッグトリミングサロン(1F)や新しいスタイルの洋書店等、多様なサービスを複合し、あらゆる面においていままでの東京にはなかったホテルの創造を目指しています。「クラスカ」は、リアルな東京を楽しめる新しいホテルのモデルとしての地位を確立するものと確信しております。

さらに加えて、ホテル以外のところはギャラリーやトリミングサロンなどがあって、面白そうでしょと。単なるホテルではあり得ない、多様な機能が詰まっていること。それなりに自信もある、と締めくくります。

これはあくまでサンプルですから、プロジェクトによっても内容は大きく変わります。でも1,000字程度の限定されたテキストでシンプルに語るという条件では、要素はこの程度のものになると思います[4]。ビジュアルがないのでデザインについて多くを語ることはできないけれど、プロジェクトの魅力や何を企画したかということを、このプレスリリースでしっかりと伝えられないようでは成功は難しいでしょう。なぜなら、価値観やバックグラウンドの異なる複数のヒトが関わるプロジェクトでは、おのずとその推進途中で多くの質問、つまりプロジェクトの5W1Hに答える必要が出てきます。答えられなかっ

たり不明瞭だと、メンバーや関係者がモチベーションを持ち続け、アウトプットの方向性やクオリティにフォーカスして動くのは難しいものです。プロジェクトの魅力、新しさ、目指すところに向けて、誰が・何を・いつやるのかをシンプルに答える必要があるのです。

さて、ここまでで何か質問はありますか?

> プレスリリースは誰に宛てて出すのですか?

基本的にはマスコミになるのですけど、要は知ってほしいヒト全員にですね。このクラスカの場合は、一般にも配っていました。プロによるプロのためのプレスリリースとか、マスコミを対象にしたものであるならもっと硬くて、要点だけに絞っているものも多いですね。取材を受けるときにも、この基本的な情報が入っているプレスリリースを読んできてもらえると、事実関係の説明を何度もしなくてすみました。

---

1 リノベーション

老朽化した部分を改修する単なるリフォームでなく、新たな価値を生み出して違う次元に再生させることを指す。また、異なる用途へ変更し再生することをコンバージョンという。

2 CLASKAにコミットしたクリエイター

インテンショナリーズ:建築を通したモノづくりを実践するために「レーベル」としてスタートしたデザイン事務所。
t.c.k.w:インテリア関連プロダクトやプロジェクトの企画・開発、ディレクションを行う会社。伝統的技術のプロデュースも手がける。
TOMATO:英国ロンドンにベースを置くデザインクリエイティブ集団。アート、音楽、広告業、映画などに多大な影響を及ぼし続けている。
タイクーングラフィックス:宮師雄一、鈴木直之により設立されたデザイン事務所。音楽やファッション関連を中心にアートディレクション&グラフィックデザイン活動を行う。表参道ヒルズなど施設のサインなども多く手がける。

3 カスタマイズできる部屋

老朽化した客室について、原状回復義務をなくし(確認のうえ)入居者が自ら内装の改修をできる仕組みを導入し、SOHOなどに長期利用できる部屋として再生した。

4 プレスリリースの字数

一般的なプレスリリースでは、タイトルとリード(要約)までで200~400字程度、本文(詳細情報)は600~1,000字程度が一般的である。

新しい場所づくりのための企画書構成

　ではここから、実際のプロジェクトの企画書を紹介します。構成・内容・説明の工夫などのポイントを説明していきますが、当然このプロジェクトのためのユニークな内容になっています。でも、それらの奥にある意図を探ってもらえれば、ほかの企画でも参考になる点があると思います。

　これまでも再三言っていることですが、企画書は企画・プロジェクトを円滑に推進するため、ヒトに内容や目的を理解・納得してもらい賛同を得るための手段です。そのため、構成・内容・説明の工夫も、読み手に働きかける多様な意図が込められていることを把握し、自分でも実践することが重要です。

　この企画書は札幌のとある芸術系の施設に隣接し、現代アートをテーマにしたホテルを開発するという内容のものです。規模は小さいホテルですが、開発でも運営でもアーティストとコラボレーションするコンセプトの強いホテルを建てることで、ほかの施設と連動し街を活性化するひとつのコアをつくろうという企画です。

　実はこのアートホテルのプロジェクトは、自分が都市デザインシステムにいたころに進めていたものなのですが、事業はいったん中止しています。実際の敷地もあり、関わるヒトや建物のプランも決まっています。あとは13億円ほど出せる出資者がいれば実現の可能性があるプロジェクトなので、皆さんお知り合いの投資家などを紹介してくださいね(笑)。

　まず、企画書全体の構成を説明します(P.148〜149)。1.計画概要、2.参加アーティスト、3.建築・アート詳細、4.ターゲット設定、5.競合事例・分析、6.マーケット分析の6つのセクションで構成しています。

初めの計画概要には、敷地やプロジェクトメンバーに加えて、その後に細かく説明する建築計画やターゲットについても含めています。

　計画概要は確実にどんな相手に対しても説明すべき内容なので、当然初めに来るのですが、参加アーティストの紹介を建築説明の前に持ってきているのは、アーティストと建築物が企画段階からコラボレーションしているというのがこのプロジェクトの特徴だからです。どんなアーティストがコミットしてくれていて、彼らの作品の特性や作家性がどのようなものかを読み手に事前に理解してもらうことで、その創造性を活かすために考えて設計した器としての建築への理解が進むわけです。

　4〜6のセクションで、データを集めて分析している内容に関しては、この場合は後半に入れています。多くのビジネスにおける企画では、これらのデータを根拠に新しい「モノ」や「サービス」を構想するので、たいていの場合はデータ分析の後に新しい企画の説明という順序になっていることが多いです。このホテルのような「新しい場所づくり」の企画でも、ターゲットや競合分析はもちろん重要ですが、データ解析の結果から直接建物の形態や関わるメンバーの構成を組み立てるわけではないので、多くの場合データ類は後半にしています。むしろ、敷地の持つポテンシャルや街を含んだ周辺環境、コンテンツやデザインのアイデアから先に説明し、その優位性や差別化のポイントを理解してもらい、その裏付けとしてデータがあるほうが理解は深まると考えています。

　結局はどんなものを建てるのか、新しい場所にはどんな魅力があるのか。読み手の興味はそこがメインですし、それに経済性がしっかりと伴っていればよいわけです。

WORKS

―カンプス

ASHINO

FEATURING

Copyright 2010 Love & Matter inc. All Rights Reserved

アートホテルのプロジェクトのための企画書。6つのセクションからなり、それぞれのつながりを考えながら関連付けて組み立てていく。

1 表紙	 **2** 目次	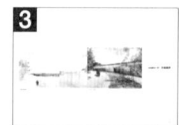 **3** セクション1 扉	 **4** 計画概要 → P.150
 **5** 街のポテンシャル → P.152	 **6** アクセス → P.152	 **7** 周辺環境 → P.153	 **8** 敷地概要① → P.153
 **9** 敷地概要②	 **10** 建物概要	 **11** アート企画概要 → P.154	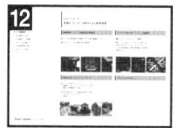 **12** プロジェクトメンバー → P.156
 **13** まちづくりプロジェクト	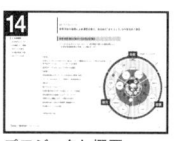 **14** プロジェクト概要 → P.158	 **15** セクション2 扉	 **16** 参加アーティスト①
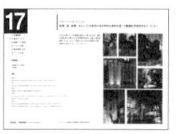 **17** 参加アーティスト②	 **18** 参加アーティスト③	 **19** 参加アーティスト④	 **20** 参加アーティスト⑤
 **21** セクション3 扉	 **22** 模型写真	 **23** 平面図/アートレイアウト① → P.160	 **24** 平面図/アートレイアウト②

148 第2部 ヒトを動かす企画

編注：企画書全体のサムネイルを一覧で掲載。
太い線で囲まれているページは、本書の後のページで解説するもの。

| 25 詳細①ロビー/ラウンジ |  26 詳細②レストラン → P.162 | 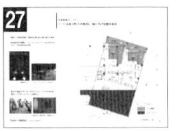 27 詳細③スパ | 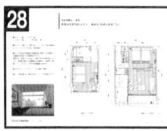 28 詳細④客室 → P.164 |

| 29 セクション4 扉 | 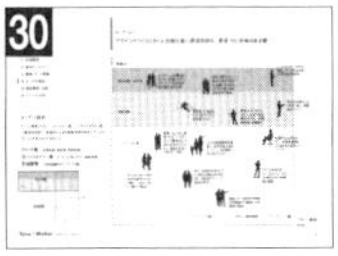 30 ターゲット設定① |  31 ターゲット設定② |  32 セクション5 扉 |

| 33 競合事例・分析① | 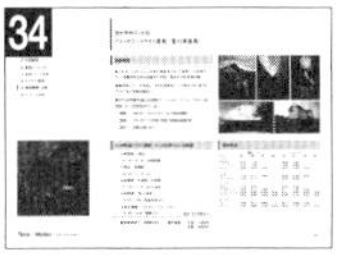 34 競合事例・分析② |  35 料金比較表① | 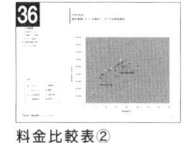 36 料金比較表② |

| 37 セクション6 扉 |  38 アート市場・海外① | 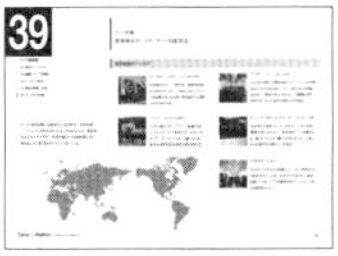 39 アート市場・海外② |  40 アート市場・日本① |

| 41 アート市場・日本② |  42 アートブランディング事例 |  43 メディア特集例 |  44 旅行市場 |

| 45 札幌市場①概観 | 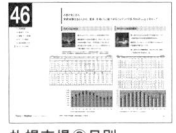 46 札幌市場②月別 |  47 札幌市場③外国人 | 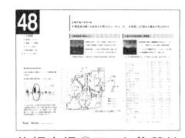 48 札幌市場④アート集積地 |

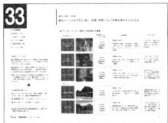

7時限目　実際の企画書を見る　　149

計画概要

初めのページには計画の概要があります。プロジェクトのサマリーとして、なるべく全体の情報を網羅したページですね。もし時間がなくて1枚だけで説明するならこのページになります。最低限この1枚だけ持ち歩いていれば、口頭だけでも数十分は説明できる内容と構成になっています。

❶:「地域を活性化する、滞在型の現代アート体験施設」。この最大の特徴をきちんと説明することが企画書全体の目的となる。ビジネスの世界ではよく、新しい企画に関して「ひとことで説明して」と言われる。プレスリリースをつくるときと同様、苦労してつくり上げた企画は特徴や強みが明確になっているため、シンプルに魅力を説明できるはずである。

❷:当然、数字による概要の網羅も掲載する。どこに・どんな用途で・どのような規模(この場合は敷地面積・延床面積に加えて部屋数も)・単価・開業予定を入れている。いわゆる左脳的な情報。

❸:こちらはいわゆる右脳的な理解を促すものといえるが、イメージの共有も進められるように、参考となる写真をいくつか並べている。相手によっては、この初めの段階で「アートを絡めた空間なんて儲からない」などと拒絶反応を起こす人もいるので、「いやいや、ホテルではないですが過去に近い事例があり評価されています」と説明すると、根拠のないアレルギー反応は収まる。

○○○○○○ **HOTEL PROJECT**
○○○○○○ホテルプロジェクト

| 01 計画概要
 02 参加アーティスト
 03 建築・アート詳細
 04 ターゲット設定
 05 競合事例・分析
 06 マーケット分析

施設概要

所在地 | 北海道札幌市○○○○○○

用途 | ホテル・レストラン・スパ(温浴)

敷地面積 | 10,000㎡

延床面積 | 約3,800㎡

構造 | RC (地上2階・地下1階)

客室数 | 29室
(40㎡×19室 49㎡×1室 75㎡×8室 120㎡×1

ADR | 40㎡ ¥34,526   49㎡ ¥ 55,233
75㎡ ¥65,205   120㎡ ¥114,270

ホテル開業 | ○○○○年春(予定)

Tone & Matter © 2008 Tone & Matter Inc.

概要
地域を活性化する、滞在型現代アート体験施設

アート集積地を活性化するホテル

■「○○○○○○」は札幌市郊外に位置する広大な森に、美術館・彫刻庭園・野外ホール・各種工房などが点在する総合芸術施設。

■本プロジェクトは、この森にホテル(宿泊、飲食、スパ機能)を付加・連動させ、相乗効果を起こすことで、さらに豊かな過ごし方を創出する地域活性化プロジェクト。

現代アートをテーマとした小規模ラグジュアリーホテル

■ホテルの空間やそこでの行為・時間、さらには周囲の自然をまるごとアートとして体験できる、新しいカタチのアート体験施設。

■建築家と世界的アーティストとのコラボレーションで建築・インテリアを創造。→フラッグシップとしてこの森にさらなる付加価値を生み出す。

■ホテル開業後もアート集積地や札幌市の団体と連携し、多様なアート活動を展開し続けることで、札幌の活性化に貢献。

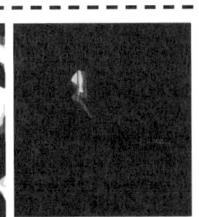

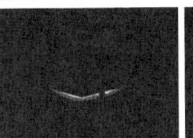

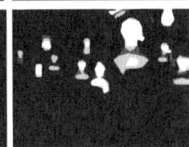

※写真はイメージです

街のポテンシャル／アクセス／周辺環境／敷地概要

ここから続く4ページでは、大きなスケールから徐々に敷地に近づくように
ロケーションを説明していきます。

街のポテンシャル

❶：プロジェクトに参加する外国人アーティストなどに見せることも想定して「北海道ってどこ？」という情報から入る。羽田から何分で着くのか、台北、北京、上海、オーストラリアの諸都市からもアクセスのよい、世界的に人気のある島としての北海道を説明。

❷：写真は相手によって組み直した。香港など南方の人には雪が大切。鹿の写真はエコロジー志向の人に自然の魅力を訴え、グルメの人にはジビエの写真で盛り上げる。また、北海道の観光地としてのポテンシャルを示す富良野。スノーボードはアクティビティを必要とする人への訴求。そして、地平線。どれほど読み手に北海道の魅力を感じてもらいフックを効かせるかが重要。

アクセス

もう少し近づいて、アート集積地であるエリアに札幌の中心街があり、新千歳空港、景観で有名な支笏湖、著名な定山渓温泉、イサム・ノグチ設計のモエレ沼公園など魅力のある拠点との距離感を説明。ポテンシャルの高い観光拠点を回れる敷地の魅力をうたう。札幌市街地の写真としては、時計台ではなく多くの来場者数を誇る「さっぽろ雪まつり」を入れた。

周辺環境

さらに敷地に近づき、周辺に何があるのか、アプローチはどうかなどを説明。このプロジェクトの場合は、周辺に美術館、野外彫刻劇場、ホール、野外劇場や、登り窯まであることを挙げ、ホテルと連動できそうな機能がたくさんあることを明確にする。これらのアート集積地全体に1日280人ほどの観光客が来ていることも説明。

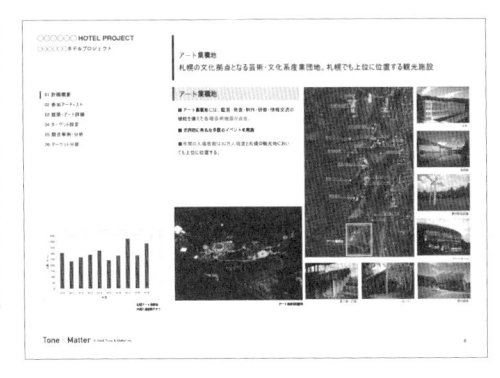

敷地概要

最後に、敷地自体の説明。敷地の詳細データもしっかりと挙げている。「周辺環境」で挙げたアート施設群に隣接し、ヒーティングを入れた道路や、上下水道も完備されている敷地であることを説明。リゾート開発などでは除雪費用やインフラ投資は自己負担になるが、すでに準備されているのはアドバンテージとなる。

7時限目　実際の企画書を見る　153

アート企画概要

次にターゲットに訴求するアート企画のポイントの説明です。端的に言えば、いろいろな客を取り込めるよ、ということです。多様な客を呼び込んだり、喜んでもらえるプランは運営企画として立案されていることをアピールします。やはり、特徴的なアート作品があって建築デザインが素晴らしいだけでは、

ダイアグラムでは、時間軸と能動・受動というふたつの軸で付加価値を示した。常設とイベント的なもの、鑑賞と体験のどちらもあるということ。

また、既存の高尚な現代アートだけになってしまうとマーケットが小さいのではないかという指摘を受ける可能性があることと、60代以上のおカネと時間のある世代向けの企画が必要ということで、登り窯やアトリエなど既存の周辺施設を活かした創作活動も組み込んだ。陶芸で器をつくって泊まり、次の日に焼き上がっているというのは無理でも、例えば2泊ぐらいしてもらえば焼き上がって渡すこともできて楽しい。そこに置かれた環境にあるリソースを活かすのも、企画としては重要な切り口になる。小さなホテルが、周囲の施設とコラボレーションを起こし地域を活性化する、そんなイメージも伝えたかった。

○○○○○○ **HOTEL PROJECT**
○○○○○○ホテルプロジェクト

| 01 計画概要
02 参加アーティスト
03 建築・アート詳細
04 ターゲット設定
05 競合事例・分析
06 マーケット分析

Tone & Matter © 2008 Tone & Matter Inc.

客が来ないのではないかと心配されるんですよね。僕自身は空間の持つ力を信じているし知っているつもりですが、それだけでは響かない人が多いのも実際のところです。これは皆さんのようにモノづくりに関わり、人を喜ばせたいのであれば余計に肝に銘じるべきですね。

アート企画概要
幅広いターゲットに訴求する、多角的・継続的なアート企画

本施設における多様なアートとアート体験

■オープン時に設置される恒久設置のアートから、開業後の継続的なアート活動に至る、多角的なアート企画の実施。
■アートマーケットのみならず、一般観光客にも訴求。
■本施設でのアート展はもちろんのこと、アート集積地や、札幌市の文化団体と連動したアート企画を実施することで、札幌市の活性化に貢献。

	企画/イベント	
芸術/鑑賞系	②ホテルを舞台にした継続的な展覧会の開催 ⇒中長期的に安定的な集客 ⇒若手アーティストのインキュベーション	③アート集積地の団体と連携したアート体験プログラム ⇒一般観光客への訴求
	①世界的著名アーティストとのコラボレーション建築空間（イニシャルアート） ⇒国際性 ⇒アートマーケットにおける地位の確立	体験/ものづくり系
	恒久設置/パーマネント	

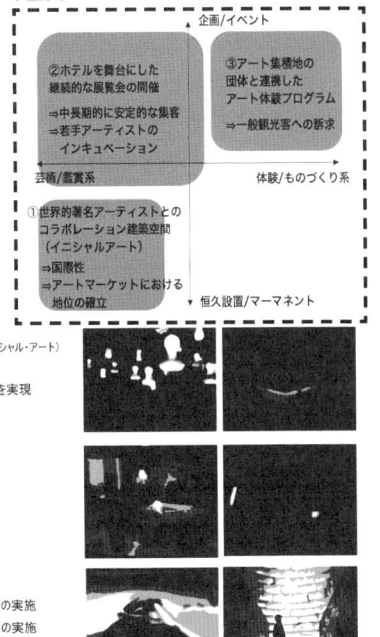

①世界的著名アーティストとのコラボレーションによる建築空間（イニシャル・アート）
■建築やインテリア・家具などが恒久設置のアート作品
■建築設計段階から世界的アーティストが参加し、建築家とのコラボレーションを実現
■世界のアートシーンで注目を浴びる6名のアーティストがすでに参加予定
⇒国際性ならびにアートマーケットにおける地位の確立

②ホテルを舞台とした継続的な、展覧会の開催
■季節やトレンドに対応し、常に新しいアート体験を提供
■滞在型のアート制作プログラムである、アーティストインレジデンスの実施
■サテライト会場として美術館の企画との連動
⇒中長期的に安定的な集客

③隣接したアート集積地・団体と連携したアート体験プログラム
■アート集積地の工房・アトリエ等と連動し、「ものづくり体験」を行う宿泊コースの実施
■ホテルのシャトルバスを利用し、札幌のアートスポットをめぐる「アートバス」企画の実施
■「さっぽろ雪まつり」のサテライトとして、アーティストによるアイスバーの制作など
⇒一般観光客へ訴求

プロジェクトメンバー

プロジェクトを推進するメンバーの紹介ページ。読み手にとっては、どんな実績があるヒトがコミットしているのかがプロジェクトの評価ポイントになるので、確実に必要となるページです。

プロフェッショナル、特にクリエイティブな仕事をしているヒトとのコラボレーションを実現する際には、まずクリエイターの作家性や方向性を探り、どんなことが得意かを把握します。そして、彼らが次にどんなことをしたいのか

❶：設計者やアートキュレーション、そしてシェフ。プロジェクトはスキルに加えて、新しいことに挑戦するマインドとポテンシャルを持った人たちとチームを組むことが最も大事。それぞれのメンバーに興味を持ってもらえるように企画を固め、意見も取り入れながら組み立てていく。

❷：ここはグラフィックデザイナーの紹介を入れる予定のスペース。この段階ではまだ決まっていなかったので空欄のままにしてあるが、そこに企画のライブ感が出ているページともいえる。この企画のメインである参加予定アーティストはここでは挙げていないが、このページに続けてひとり1枚ずつページを割いてじっくりと紹介している。

○○○○○○ **HOTEL PROJECT**
○○○○○○ホテルプロジェクト

| 01 **計画概要**
02 参加アーティスト
03 建築・アート詳細
04 ターゲット設定
05 競合事例・分析
06 マーケット分析

Tone & Matter © 2008 Tone & Matter Inc.

を想像することが大事です。クリエイターが新しくチャレンジする対象としてこのプロジェクトを位置付けてもらうことで、今まで以上のクオリティやアイデアの創出を期待できるし、もしかしたらフィーの交渉の可能性も出てきます。また、ほかの参画メンバーとのコラボレーションも期待されるところなので、このようなページは新しいメンバーに声を掛けるためにも非常に重要なページとなるのです。

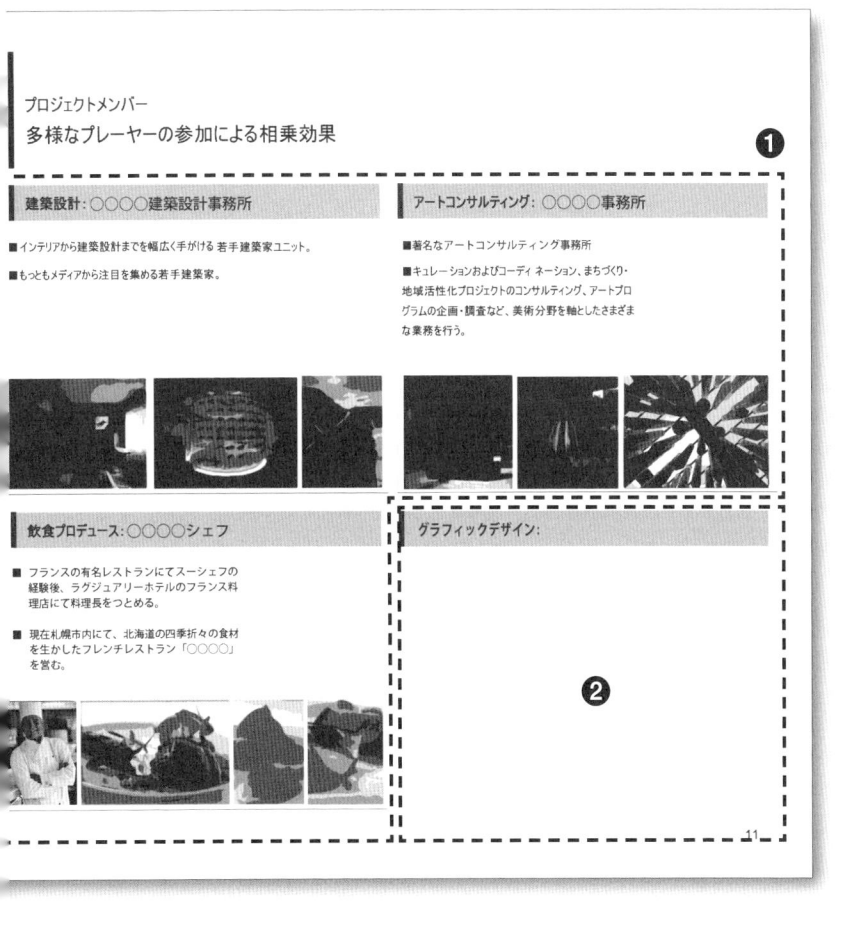

プロジェクトメンバー
多様なプレーヤーの参加による相乗効果

❶

建築設計：○○○○建築設計事務所

■ インテリアから建築設計までを幅広く手がける若手建築家ユニット。

■ もっともメディアから注目を集める若手建築家。

アートコンサルティング：○○○○事務所

■ 著名なアートコンサルティング事務所

■ キュレーションおよびコーディネーション、まちづくり・地域活性化プロジェクトのコンサルティング、アートプログラムの企画・調査など、美術分野を軸としたさまざまな業務を行う。

飲食プロデュース：○○○○シェフ

■ フランスの有名レストランにてスーシェフの経験後、ラグジュアリーホテルのフランス料理店にて料理長をつとめる。

■ 現在札幌市内にて、北海道の四季折々の食材を生かしたフレンチレストラン「○○○○」を営む。

グラフィックデザイン：

❷

7時限目　実際の企画書を見る　　157

プロジェクト概要

このプロジェクトのポイントは産学連携。つまり教育と産業、また商業的な観光を連動させることです。ここでは、小さなこのホテルができることで、すべてが連動できるということをうたっています。

このプロジェクトのポイントとなっているホテルを中心にした、教育・観光・産業に対する連携をビジュアル化。同心円状に中心から外に向かって、ホテル内の機能→近隣施設→街の施設や産業との連携、とスケールアップするように工夫。ホテルにはさまざまなアクティビティが入るので、地域産業などとの連携の可能性が高い。地域の家具工場でインテリアをつくったり、製菓会社とお土産用のスイーツを共同開発したり。大学など教育機関とは、学生のインターンシップやワークショップができることを示している。

○○○○○○ **HOTEL PROJECT**
○○○○○○ホテルプロジェクト

| 01 計画概要
  02 参加アーティスト
  03 建築・アート詳細
  04 ターゲット設定
  05 競合事例・分析
  06 マーケット分析

Tone & Matter © 2008 Tone & Matter Inc.

ダイヤグラムによる「見える化」は、非常に重要です。文章では長くなって散漫になりがちなことも、構造化して見せることで見る人の頭にスムーズに入っていきます。

まちづくりプロジェクト

産官学民の連携による運営企画で、自治体の「まちづくり」の中核を担う施設

教育・産業・観光に働きかける多様な取り組み

アートホテルをプラットフォームとして、周辺施設や団体との連動企画により、
「自治体の創造産業育成の政策」の一翼を担って行く

〜創造都市さっぽろの実現へ

…が当ホテルに宿泊し、アート集積地のアトリエ・工房で作品を制
…・イン・レジデンス』の実施

…による、『大学での講義』

…アップによる『商品の開発・販売』
…ーベニア開発や、家具開発など)

…バスで、
…ポットを巡る、『アートバス運営』
…動による『アートイベント』
…たアート雪まつりなど)
…で再発掘・再編集する、
…出版』

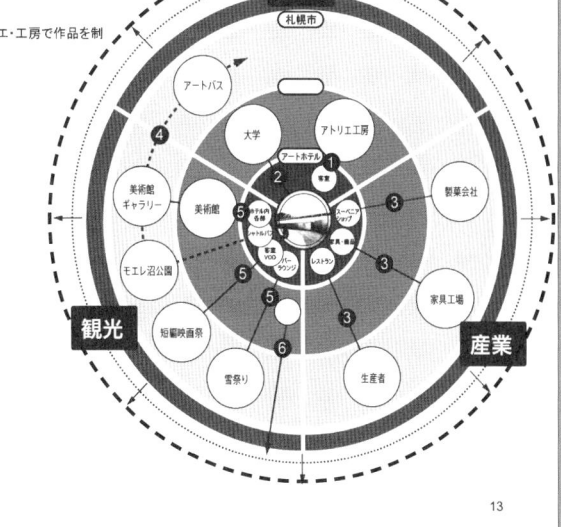

平面図／アートレイアウト

建築の全体プランを示すページです。設計を担当したトラフ建築設計事務所とともにつくったプランの上に、それぞれのスペースで作品を展開してもらうアーティスト名と作品内容についても表記しています。

❶：傾斜地の上の平地に、ロビー／ラウンジ、レストラン、スパそれぞれの機能を持ったボリュームを配し、その間の空間を傾斜地に向かって開いた通路兼ギャラリーにしようという設計者からのアイデア。

開発段階から参加してもらうアーティストには、ロビー、レストラン、大浴場、ライブラリー、エレベーターホールの吹き抜けなど、機能を併せ持つ空間で創造性を発揮してもらい、通路兼ギャラリーは展覧会など開業後のイベントで使用するプログラムとした。

❷：通常のホテルのボリュームにギャラリーや美術館を併設するのではなく、機能空間の間の通路スペースをギャラリーとすることで、レンタブル比を維持。また、ギャラリーにすることで、仕上げの仕様は安価なものにすることが可能となる。

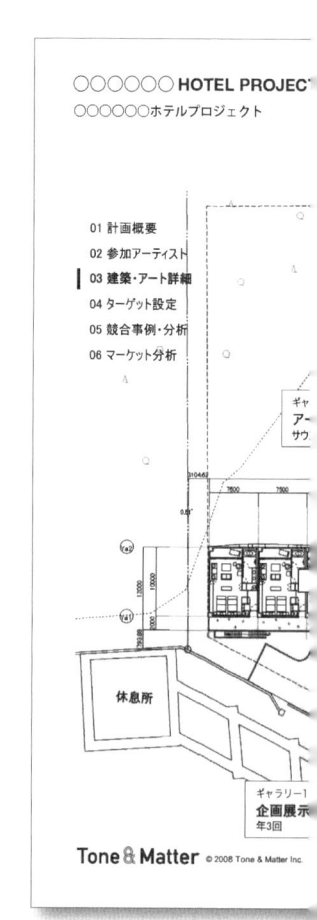

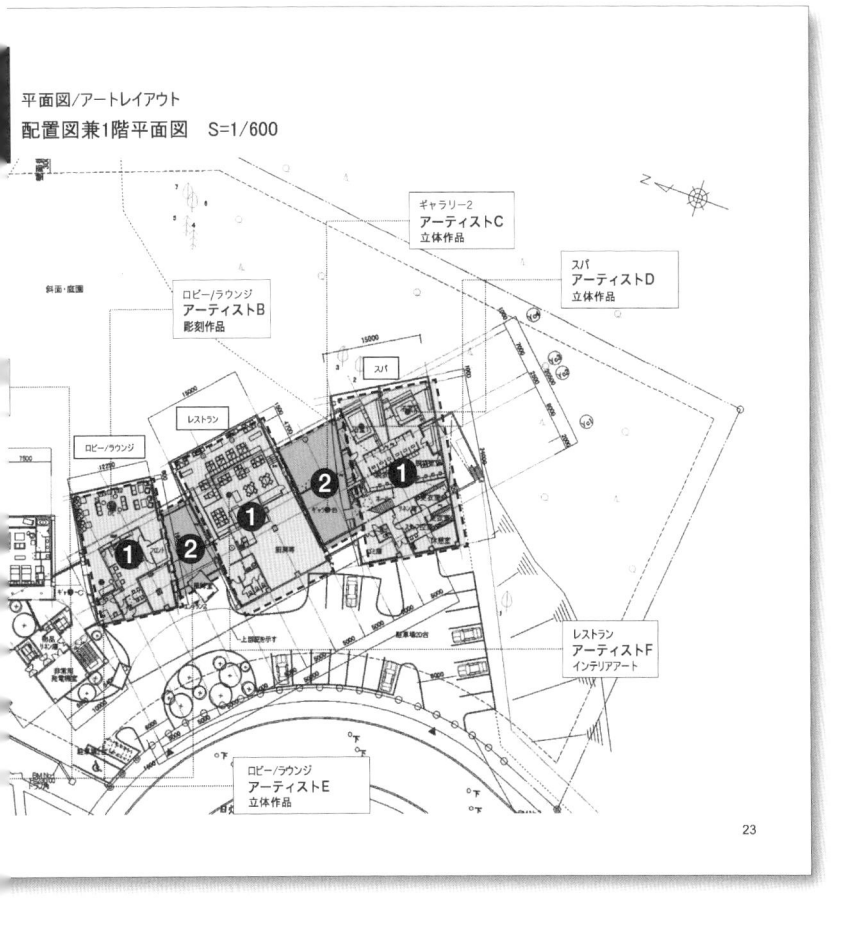

平面図/アートレイアウト
配置図兼1階平面図　S=1/600

ギャラリー2
アーティストC
立体作品

スパ
アーティストD
立体作品

ロビー/ラウンジ
アーティストB
彫刻作品

ロビー/ラウンジ

レストラン

スパ

レストラン
アーティストF
インテリアアート

ロビー/ラウンジ
アーティストE
立体作品

各部の詳細－レストラン

重要な機能のひとつであるレストランの説明です。
このプランに至るまでに、シェフとともに運営方針を企画段階で詰めています。この場合は、ホテルの宿泊客とレストランのみ利用する客の両方に楽しんでもらうために、ビストロとレストランのふたつの顔を持つ場所にすること

❶：営業方針をここに挙げている。設計図だけでなく、どんな単価で何時ごろに客に楽しんでもらうのかを明らかにする。

❷：レストランとビストロは単価も異なり、インテリアの雰囲気も変える必要がある。この案では傾斜地を利用して床の高さを変えることで、それぞれの顧客同士の交わりを避けるとともに、どちらのスペースからも傾斜地に開けた視界を確保。

❸：レストランとビストロに別々の厨房を持つと投資が膨らみ、人件費の負担も重くなる。そこでこの案では、厨房を共有。受付も共有し、厨房への動線も確保している。裏動線など、運営者の立場に立ったバックヤードの設計は重要。この場合は全体のデザインに影響しないように効率のよいプランを実現。通常、このあたりは自分からデザイナーにレイアウトを出している。

○○○○○○ **HOTEL PROJEC**
○○○○○○ホテルプロジェクト

飲食プロデュース
○○○○**シェフ**

■フランスの有名
スーシェフの経験
リーホテルのフラン
料理長をつとめる。

❶

レストラン概要

ビストロ	34席

フランスの伝統料理や家庭料理を中心に提供する
アラカルトのみのメニュー構成。

朝食	07:00〜10:00
ランチ	12:00〜14:00
ティータイム	14:00〜16:00
ディナー	18:00〜20:00LO

フレンチレストラン	34席

フルコースのみの本格派フレンチレストラン。
北海道の四季折々の食材を活かした料理。
主に宿泊者の利用を見込み、外来の客に関しては

ディナーのみ	18:00-22:00LO

※金額は想定客単価(ト

Tone & Matter © 2008 Tone & Matter Inc.

にしました。街づくりの側面を持ったプロジェクトなので、地域との連動を考えると、リーズナブルに楽しめるビストロもあったほうがいいだろうと考えました。営業戦略としても、周辺アート施設へ訪れる来場者にランチを利用してもらおうという狙いもありました。

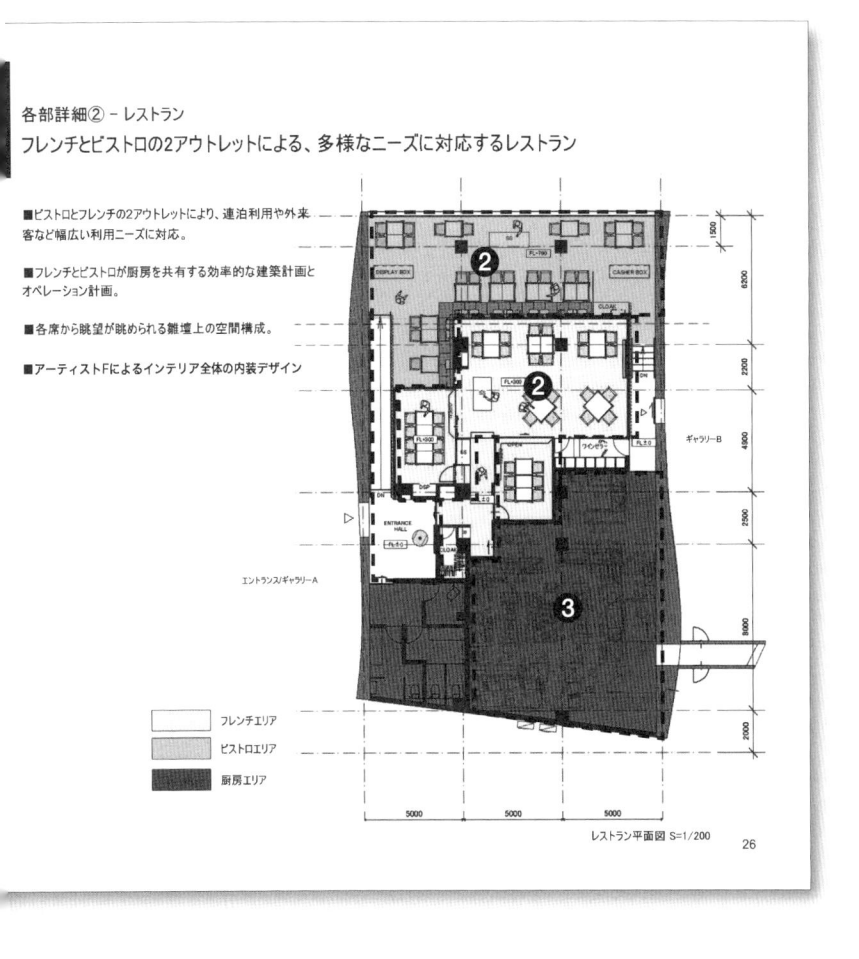

各部詳細② - レストラン

フレンチとビストロの2アウトレットによる、多様なニーズに対応するレストラン

■ビストロとフレンチの2アウトレットにより、連泊利用や外来客など幅広い利用ニーズに対応。

■フレンチとビストロが厨房を共有する効率的な建築計画とオペレーション計画。

■各席から眺望が眺められる雛壇上の空間構成。

■アーティストFによるインテリア全体の内装デザイン

レストラン平面図 S=1/200

7 時限目　実際の企画書を見る　163

各部の詳細ー客室

客室のプランの説明です。

当然ですが、ホテルのおもな目的は客室に泊まること。広さやスペックで競合と戦う必要もあるので、プランニングには気を遣います。このホテルでは

一般的なセオリーでは、客室の広さは45㎡と85㎡が理想的といわれる。このホテルの場合、共用部にアートを配し豊かな環境を用意するので、チェックインからチェックアウトまでの時間のうち客室にいる時間が通常のホテルより短くなると想定して40㎡と75㎡に設定。1部屋当たりの面積は小さいが、総部屋数が増えれば投資金額の差は大きくなる。

新しい付加価値（この場合はアート）を導入し、今までにないものにする際に、コストアップしては意味がない。むしろ際立った付加価値があるなら、ほかの部分でコストダウンが可能になる。常にそのようなイメージで企画を立てる。

○○○○○○ **HOTEL PROJEC**
○○○○○○ホテルプロジェクト

■40㎡×19室　　75㎡×8室
　120㎡×1室　　アート特別室×1室

■40㎡は、大型テレビを廃すなど、リゾートとしなくした、コンパクトで心地よい客室構成

■40㎡の客室は斜面側の景観を望む客室との稜線と空を感じさせる客室の2タイプ。
無駄のない客室プランに加え、中廊下型の平ことで、面積を削減。その面積を共用部のアー塡し、アートホテルとしての付加価値創出をめ

■75㎡はインナーテラスとビューバスを備えた様

■アート特別室では、毎年注目アーティストが
ン。

Tone & Matter © 2008 Tone & Matter Inc.

第2部　ヒトを動かす企画

スイートルーム1部屋以外は、2種類のクラスで構成しました。企画で頭を悩ませたのが、全体の投資の効率化と顧客満足度のバランスです。最終的に、一般的なホテルよりも客室の面積を少しだけ削っています。

各部詳細④ – 客室
周囲の自然を感じさせつつ、無駄なく快適な客室プラン

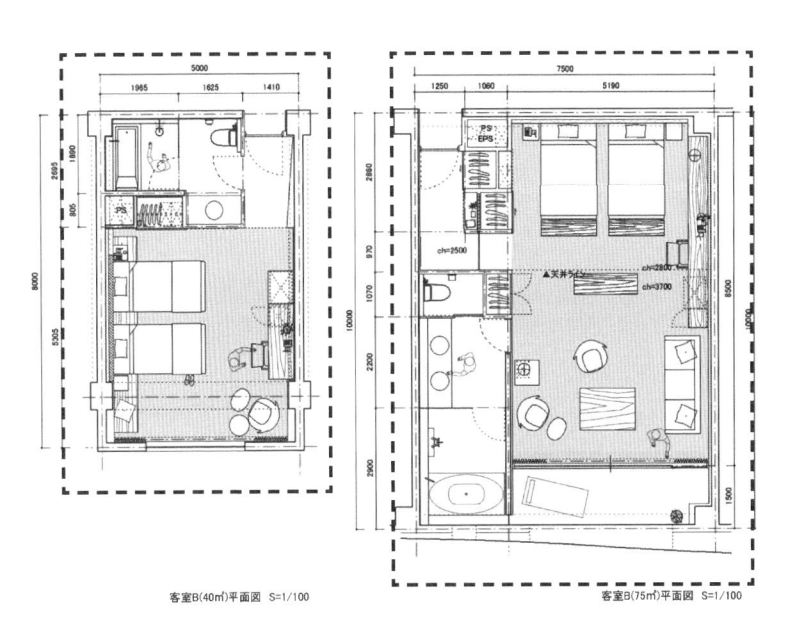

客室B(40㎡)平面図 S=1/100

客室B(75㎡)平面図 S=1/100

7時限目 実際の企画書を見る

企画書の「作為」と「策意」の 5 つのコツ

　ここからは、実際の企画書を用いたコミュニケーションのコツについて考えてみましょう。企画書のイメージは今まで見てもらって感じてもらえたかもしれませんが、実は相手に合わせて再度修正をします。なぜなら、読み手がクリエイター・銀行員・外国人・公務員というようにさまざまで、その人によって訴えるポイントが異なるからです。これから、相手に合わせるための「作為と策意」と僕が呼んでいる5つのコツを挙げていきます。

1. 強弱

　相手に合わせて切り口を変えます。そのために、見せる順番はたいていの場合変えます。相手によって何から先に知りたいのかが異なってきますから。また、読み手にとって興味がない部分は簡素化します。無駄な情報は、伝えたいことを弱める可能性も出てくるので、思い切って省く場合もあります。

2. デザイン

　当然、体裁は重要です。「デザインホテルです」とか「クリエイターのシェアオフィスです」とか言って、企画書の見栄えが悪かったら、引かれてしまいますからね。デザインで気を遣うのは、格好よいことに加えて、分かりやすい・読みやすいということですね。例えば、街づくりの企画で市長さんに見せなければいけないとなったら、字は大きめにして、しっかりした印象を持たせる。ビジュアルに凝った企画書よりも、ワードで図版もない書類だったり、役所フォーマットの書類のほうが喜んでもらえる場合が多い。企画書は、デザインのためにあるのではなく、相手に的確に内容を伝えてモチベーションを持ってもらうのが目的ですから。

3. 想定問答

　想定問答とは、読み手からのツッコミを想定して答えを用意しておくことです。「ここでもっと突っ込んでほしい」と企画書に仕掛けておく、上級テクニックです。例えば、わざと詳細を省いて流して説明することで、読み手はそこを突っ込んできてくれる。それに対して明快な答えを用意しておくということです。

　ひとつのことについて、多くても3回の問答を想定しておけば問題ないと思います。例えば「事業収支はどう考えているんですか？」に対して、「これこれこうです」と答える。「でもこのあたりの想定は難しくないですか？」「いえ、ここは、このような手も考えてます」。「でも、こんな状況下でも大丈夫ですか？」「もちろん、その場合でもこういうかたちになるので問題ない範囲です」。…というように、3つのステップで明確に答えられるのであれば、企画の精度も上がっているわけですし、たいていの場合は読み手も納得するはずです。

　特に、いわゆる堅い仕事に就いている方々は、リスクを確認することを使命とするところがあります。そうした人に説明するときはしっかりと準備をしておいたほうが、質の高いプレゼンテーションとしても事業リスクの低減としても意味があります。

4. ボリューム

　当たり前なんですけど、やはり量が多いとインパクトが強まります。前に説明した、強弱を付けるために省くということとは矛盾してしまいますけど。やはり場合によっては、多くのことを調べ、企画に時間と労力をかけていますという目に見える形が効果を発揮します。10億円以上の予算を付けるために、1枚ペラの企画書だけでは読み手はもちろん、プレゼンする本人も不安になりませんか。努力している人には誰しも好意を寄せますし、うまくいけば信頼感も勝ち取れます。

<u>5. 相手を可能な限り調べる</u>

　これも当たり前ですが、意外とできていないことのひとつです。企画書の準備に追われて、肝心の企画書を使って説得する相手のことが分かっていないなんてことがないようにしましょう。「どういう人か？」「どんな事業を行っているのか？」「キャリアは？」「ほかにどんなメンバーがいるのか？」「どんな場所でプレゼンするのか？」「儲かっているのか？」。こうしたことは可能な限り調べましょう。それによって、内容の修正が必要な点も出てきますし、プレゼンテーションにのぞむ意識も高まります。

　そして重要なのが、相手がどんなことに興味があるのか、志向はどんなところにあるのかということ。企画が読み手の琴線に触れると、自分たちの想定以上の結果を生み出すこともあります。好条件の逆提案をもらったり、ほかの賛同者を紹介してくれたり、ということなどです。

　以上で、ヒトを動かすための企画書のエッセンスについての説明を終わります。おさらいになりますが、企画書の目的は、チームを一体にする、今までにないものをあたかもあるかのようにイメージを共有できる、コミュニケーション不足をなくす、敵を味方にする、本来であれば敵みたいな人をむしろ乗らせるなど、ヒトを動かすことです。ごくまれにですが、気持ちを込め苦労してつくった企画書がほかの人の目に触れ、プレゼンテーションしなくてもその人がプロジェクトに興味を持ち、プロジェクトに参加してくれたり支援してくれたりすることがあります。まさに、よくつくられた企画書自体がヒトを動かす、素晴らしい成果のひとつです。

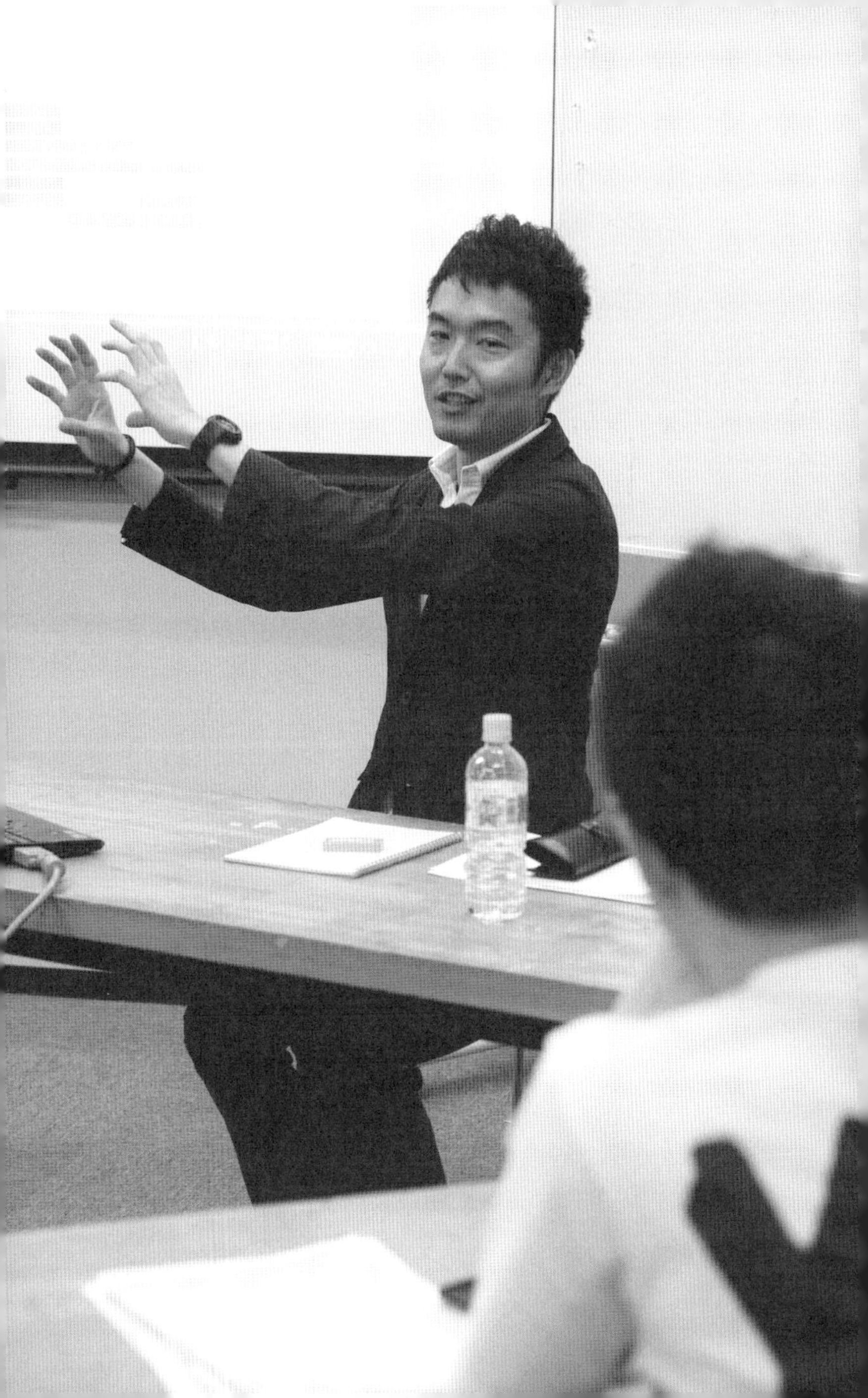

8.
時限目

エレベータープレゼンの実践

いよいよ最終の講義です。今回は、皆さんがつくってみたいカフェを企画の実践として発表しましょう。まずは、カフェの要素を分類しながら定義を改めて捉え直すことで、魅力的な案を出すための下準備をします。
次に、情報を整理しながらアイデアをまとめて、企画を立てましょう。続けて、「エレベータープレゼン」をします。ほかのヒトに説明することで、より企画は練り上げられ、イメージが広がるでしょう。共通する切り口をみていくと、コンセプトはさらに深まります。

PHOTO : Paul Matthew Photography

密室で見知らぬ人と一時を共にするエレベーターは、日常生活のなかでも特殊な空間である。映画でも、重要なシーンをエレベーターが演出することは多い。

企画対象の定義を改めて考える

　それでは、皆さんが実際に手を動かしたり口を動かしてもらう時限に入ります。

　後ほど、カフェを無理にでも短時間で企画してしまおうというコーナーがありますが、その前に、カフェの定義を考えることから始めましょう。

　新しい場所をつくるための企画を立てるには、なんとなく捉えているものをしっかり見直して、改めて定義付けする必要があります。なぜなら、企画の新しさはその定義に対して、何かを加えたり、異なる定義にずらしたりということから生まれるからです。企画では「○○なカフェ」として新しい価値の提案をするわけですが、その「カフェ」の部分があいまいだと「○○な」も、つくり出せないわけです。

　では、これから「カフェとは何か？」をひとりずつ、ひとことで表してみてください。1番後ろの彼女から順番に、次々と挙げていってください。僕は出たキーワードをホワイトボードに書き出していきますから。

　コーヒーが飲めて、自分の時間が持てる。

　そうだね。カフェといえばコーヒー。

　何かしながら、過ごせる場所。

　「…しながら」。しながらの場所。

　日常の隙間を埋める場所。

うん、最近よく言われる「サードプレイス」のことだな。はい、次。

🙂 全国どこでも、同じ品質と空間であるということ。

全国どこでも。チェーン店ということかな。

🙂 おカネを持っていないと入れない。

ほほう、確かに。いいねえ。次行こう、はい。

🙂 至福の場所。

🙂 ザワザワしている。

🙂 読書する場所。

🙂 不特定多数の人がいて、使う人の感じが、席にあまり表れない。

個性が出てこない。なるほど。次。

🙂 比較的少人数で過ごす場所。

なるほど。利用するときの人数が少ない。確かに。よく気づいたね。

🙂 ひと息つくところ。

🙂 会話を楽しむ。

😐 店員の制服がある。

うん、ユニフォーム。こういうルールを考えるのも、面白い。

😐 朝早くからやっていて、夜遅くまで開いてる。

👧 空間が小規模。

👧 席が空いてないと入れない。

席の数が限定されている。まあカフェは席に依存しているね。

😊 目的もなく入る。

👧 待ち合わせの目印。

いいね、普通だねえ。普通なこと、これ大事。

😊 ちょっとくらい寝てても怒られない。

👧 長居ができるところ。

😐 メニューがたくさんあって、カフェといっても多種多様。メイドカフェとかあるし。

なるほどね。では、このくらいにしておきましょう。まだいっぱい出ると思うけど。

要素を分類してみる

　カフェとは何か。今挙げられたもののなかで、ニュアンスが近いもの同士をつなげてみましょう。ええと、どこからいこうか。

　「目的」に関連したことを挙げている方が多いですね。「読書」「会話」「寝る」「待ち合わせ」。逆に、「目的もなく入る」、というもの。あとはそれにちょっと近いけれど、「ひと息つく」というもの。

　「環境的なもの」は案外少ないかな、「ザワザワしている」とか。「席」の話も…、環境かな。「…しながら」というもの、これは目的なんだろうか。ちょっと重要な感じがしますね。

　ユニフォームとか、小さいスペース、あとは、コーヒーが飲める。「多様な業態がある」。これは環境よりも少し細かい「設え」の要素かな。いろんな設えが可能です。片やチェーン店などでは、同じ品質・同じような空間になります。

　「ヒト」の切り口でいくと、「少人数」「不特定多数」がありますね。でも、客の個性ってわりと出にくいかも、という話もありました。

　あとは「営業」。「おカネを持っていないと入れない」「朝から夜まで」。これは大事な話。「日常の隙間を埋める場所」というのは、営業でもありながら目的でもあって、ちょっと難しい。

　「至福の場所」。確かに、すごくつらいカフェってないよね。けっこう正しい意見。

　で、こんな感じに分けられます（P.176〜177）。

　ここからさらに、ランダムに深く堀り下げてみましょう。

　まず「不特定多数」と「個性」という話。これは捉え方が難しい。特定のデザインやサービスを詰めていくと、「こんなお店です」というイメージが現れるよね。そうすると、その雰囲気がいいと思う人だけが来る。そういうのを「客筋」というんだけど。なんだか自分は好き

カフェとは
目的
「目的がなくても入る」
「日常のスキマをうめる」
「コーヒーが飲める」
「読書する」
「ひと息つく」
「会話をたのしむ」
「待ち合せ」
営業
「メイドカフェ」
「おカネがないと入れない」
「席がないと入れない」
客単価
「営業時間」
「朝から晩まで」
「メニュー多い」
「多種多様」
デザイン
「休日やるやらない」

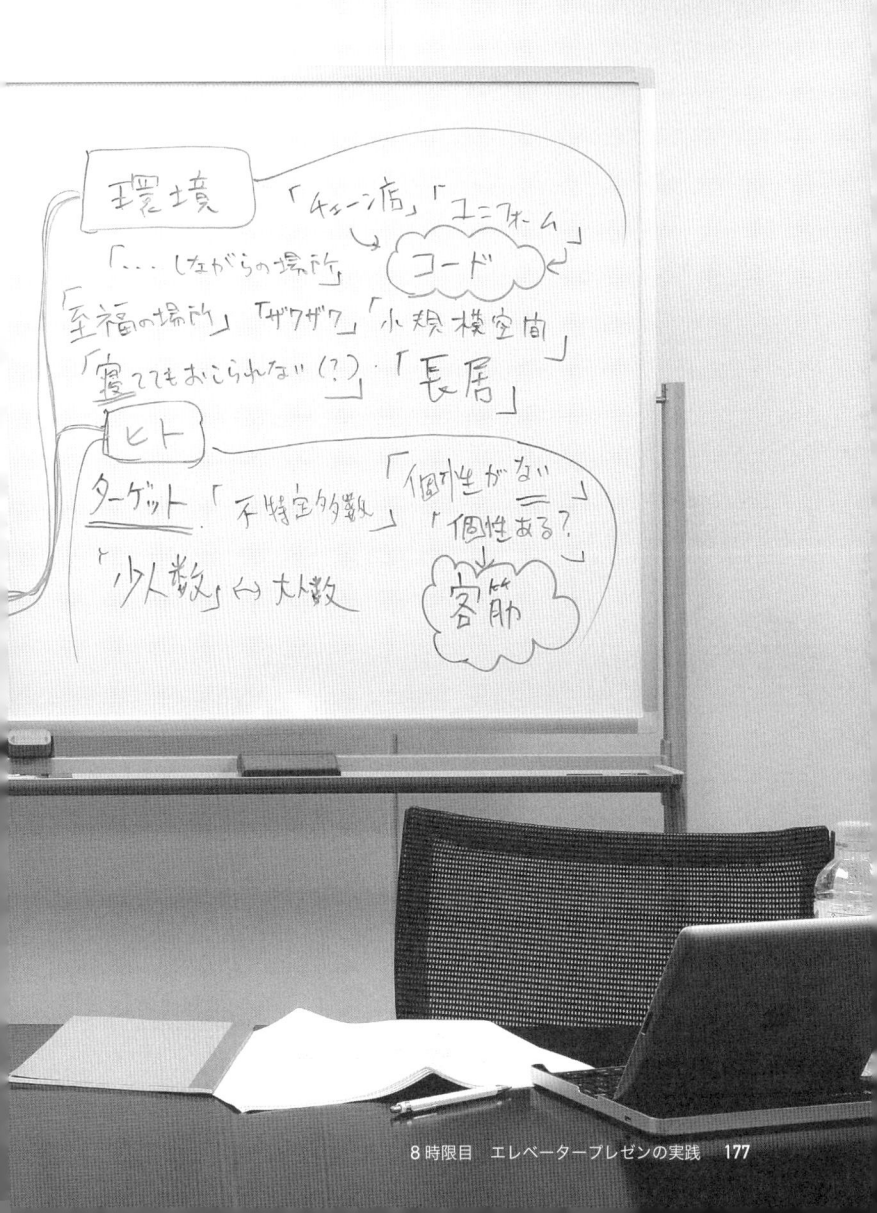

環境　「チェーン店」「ユニフォーム」
　　　　　　　　↓
「…しながらの場所」　コード
「至福の場所」「ザワザワ」「小規模空間」
「寝てもおこられない(?)」「長居」

ヒト
ターゲット「不特定多数」「個性がない」
　　　　　　　　　　　「個性ある?」
「少人数」vs「大人数」
　　　　　　　　　　　客旋

そうだ、リラックスできそうだ、本を読めそうだ、などいろんな意図や気分があって、人はカフェに入ります。そうすると、その仲間っぽい人が入ってくる。分かりますよね？　スーツを着た人が入る店には、同じような格好の人が集まっていたりするでしょう。「ルノアール」とか。僕がプロジェクトに関わるときには、一緒にやる運営の人がすでに手がけている店があるなら必ず行って見てきます。そうするとその店なりの客筋はやっぱりあるんですよね。客筋が自分のやりたいこととある程度合っている人には、同じようなお客さんを連れてくる技術というか、感性がある。そうした感性と感性の相乗効果でなんとなく人を呼び寄せる、ということがあります。

　建築空間の設計を行うときにも、運営の方針から必要な要素を抜き出してデザインの手がかりにしますよね。例えば、ターゲットは若い人なのか年配なのか？　ラグジュアリーなのかカジュアルなのか？　いくらぐらいの客単価なのか？　どんなコーヒーを出すのか？　キャッシャーはどこに置かなければいけないのか？　など。対象や機能によってデザインは変わります。

　あと、「営業時間」の話。これも、例えば照明をどうするのとか、夜どうなるの、昼はどうするの、テラスはどうするの、ということに関わることで、デザインに大きく影響します。こうしたデザインは建築設計者よりもインテリアデザイナーのほうがうまい。インテリアデザイナーは何回もさまざまな運営者たちと一緒に店をつくり上げてきて、うまくいったりいかなかったりするのを体験して、フィードバックを得ているのですね。一方、建築設計者は、ルールがないところで自分でルールを設定していいですよ、というときに本領を発揮する傾向があると思います。建築設計者と組むときは、運営的な手堅いところはなるべくこちらで主要件として出すか、プロジェクトを進める途中で修正していくようにします。もちろん、それぞれの個性や得意分野によっても異なります。

このように掘り下げてみると、企画の要素はデザインと密接な関わりのあることが分かりますね。また要素と要素の関係性をみてみると、面白いことに気づきますよ。例えば、営業の視点では、「おカネがなければ入れない」けれど、「不特定多数」をターゲットにできる。コーヒーがないと、あまりカフェという感じがしない。でも、メイドさえいればカフェなんじゃないかという意見も出ましたね。で、ザワザワしているかもしれない。でも少しざわついていたほうが集中できたりする。人によって定義は異なるので、カフェは静かだよね、という意見もあるでしょう。あとは、コーヒーを飲むことがメインではなくて、待ち合わせ、読書、会話、そのために行っている可能性もかなりある。長居する場合もあるけれど、待ち合わせをしてパッと出てしまうこともある。

分類でみえてくること

　どうでしょう？　いろいろな人の意見があるなかで、そう簡単には定義付けできないけれど、まとめていくとなんとなく共通するコードが見えてくるし、同じコードのなかでも、実は反対のことが含まれている場合が多いことに気づきますね。いろんな切り口の要素を組み合わせたり掛け合わせたりすると、自分のなかで「これはカフェと呼べるのではないか」と思う形式や、王道のカフェ像を描いて「カフェたるものはこうあるべきだ」と必須要素が集まるとか、いろんなアイデアが出ますよね。

　あとは…、挙がった要素を逆説的に捉えるのもひとつの方法です。例えば、夜だけというのもありかもしれない。カフェといえばユニフォームというけど、ユニフォームがなくて店員と客の違いが分からないっていうのもありかも。こう考えていくと、新しい企画って出て

くるね。おカネがなくても入っていいとか。これ、けっこう可能です。

　もう少し考えたい人は、やってみたいカフェを5人くらいのチームで事業計画をつくってみるのもよいと思います。収支計画、メニュー、空間デザイン、立地。立地は自分たちで実際に探してきてもらう。不動産屋さんに行ってもいい。「カフェをやりたい」と不動産屋さんに行くと、けっこう親身に教えてくれるかもしれませんね。あと、「カフェの開業の仕方」みたいな本もたくさんあって、だいたいの事業収支のこととか、考えなくてはいけないことが書いてある。で、カフェの構造が分かると、ほかのほとんどのサービス業もできる気がする。実際、カフェにはほとんどの事業の要素が入っています。しかも自由度が高い。

エレベータープレゼンをしよう！

　と、ここまでは準備で、ここからがメインでございます。

　これから20分間で、「自分のつくりたいカフェ」をお配りするA3判の白紙に書いていただきます。先ほどの話で、カフェってどんなものだろうという考えが、少しこなれてきましたよね。絵を描いてもらってもいいし、なくてもいいですよ。言葉、コンセプト、ネーミング。とにかくありったけ書けるだけの情報を出して、整理しながら増やしていただきたいと思います。

　突拍子もないことを考えるのもいいけど、「それ、いいなあ」って共感を得る案がいいですね。一番いいのは、突拍子もないけど、みんながいいな、っていうのだけど（笑）。

　20分経ったら、みんなの前でひとり3分間ずつ、プレゼンしていただきます。では、始めましょう。

（20分経過）はーい、そろそろでーす。

ではひとりにつき3分、プレゼンしていただきます。6時限目にお話しした「エレベータープレゼン」ですね。下に着くまでに3分かかる、少し長いエレベーターです。その間に、このカフェの事業企画に乗ってもらいたい大事な相手を説得するつもりでプレゼンしてください。

発表者以外の人はきちんと聞いて、評価をします。よいと思ったら拍手をしてください。悪いと思ったら拳を突き上げてください。抗議するポーズですよ。あんまり日本人は得意じゃないですけど。逆に、すごくよいと思ったら、机を叩いてください。いいですか？

では、3人ずつ順番にいきましょう。まずAさん。前に出て、紙を皆さんのほうに向けて持って。それでは、はいどうぞ。

（編注：学生のプレゼンは3分間を使って行われ、発表後に各人と講師との質疑応答もありましたが、概略を短くまとめています）

生徒A：私がつくりたいカフェは、「媒介カフェ」というものです。

新たな出会いが生まれるようなカフェを提案できないかと考えました。

媒介として入れるものがある行為を誘発させて、その誘発させた行為が、その媒介させたものを介して新たなコミュニケーションが生まれる。そんなカフェです。

例えば本棚が机になっていて、その本棚にある本を読みながら、コーヒーを飲んだりできる。隣の人が読んでいる本が、自分の気に入った本だったら、「あぁ、その本いいですね」というようなコミュニケーションも生まれるのではないかと思いました。

ほかにも、ギャラリーのように、展示品がガラスのショーケースに納められていて、その上でコーヒーを飲めるようなテーブルになっているのもいいなと思います。その周りに椅子が置いてあって、ゆっくり鑑賞したい人はその椅子に座りながらコーヒーを飲む。その展示品について語り合いたい人は、対面にいる人と会話をする。そういう空間ができるんじゃないかなと。こういう媒介になるものは、まだいろいろあると思います。

-------------------------------- (拍手) --------------------------------

生徒B：僕が考えたのは、駅のホームの上にある「雑踏感のあるカフェ」です。

僕が考えるカフェ像は、人でザワザワしているなかに埋没して集中できるというものです。街で人がたくさんいながら、落ち着くスペースがほしいところを考えて、電車のホームの上にカフェがあるといいと考えました。そもそも、駅のホームには座るスペースがなさすぎだと思いますし。

このカフェでは、人の往来が絶えないので、1日中雑踏感があります。ほかの利点は、やっぱり待ち合わせに便利なことです。駅ビルでも待ち合わせはなかなかできないものですが、「〇〇駅の何番線ホームのカフェ」と言えば、そこで確実に会えます。早起きの会社員は出社前に、ちょっと一服するスペースになるかもしれません。しかも移動中のちょっとした空き時間を埋めるためにもカフェを使うなど、空き時間を徹底的に有効活用できます。

-------------------------------- (拍手) --------------------------------

生徒C：僕が考えたのは「コミュニケーションもとれるカフェ」というものです。

Aさんとちょっと似た内容になっていますが、カフェにさまざまな人が訪れ、それぞれの時間を過ごしているというのが、僕の思っているカフェです。特定の目的もなく、そこにカフェがあったからふっと立ち寄ろうという人もいると思って、そんな人たちが、お互いにコミュニケーションをとりやすくするきっかけを与えられるようなカフェを考えています。

具体的には、店内のある区画では映画の映像とかを流して、感想を言えるような場をつくります。映画を観終わった後に自分と同じ感想を共有している人が近くにいたら、その場で気軽に話せるんじゃないかなって思いました。

でも、ひとりで過ごしたいという人もいると思うんで、なるべく椅子やソファを固定せずに席を移動することで居場所を自分でつくれて、似たような気持ちの人が集まれるようなカフェにしたいです。

-------------------------------- (拍手) --------------------------------

いいんじゃないんでしょうか、順調ですね。ここで一度少しまとめてみましょう。

考え方をよくみると、今の3人は「概念」を設計していることに気づきます。「概念的な」というアプローチです。1人目のAさんは「媒介を通じて仲よくなりたい」。3人目のCさんも「コミュニケーション」。

で、Bさんは「雑踏感っていいんだよね」という概念。これらが自分のつくりたいカフェのコア、つまり価値であると。

具体的には、モノが媒介だというAさんと、ホームという立地がマッチしてるでしょうというBさん。Cさんは、コミュニケーションをとるために映画や座る場所を挙げていました。まあ20分で考えるので、バランスをとるのはとても難しいですよね。1つひとつ媒介ももうちょっと具体的に考えられると、ぐっと面白くなると思いますよ。

モノを媒介にするというのは、よくあるアイデアです。なので、より具体的に考えたい。例えばデザインの展覧会がいくつもありますが、あるデザイナーから、そうした展示品を使ってカフェをやりたいね、という話が出ました。分かりますよね？　カフェにあるもの全部が、基本的には流通商品になる前の展示品。いろんなデザイナーが、そこで自分のデザインした椅子や食器などのプロダクトのプレゼンができるし、お客さんはそれを使って試せるというカフェ。こうなってくると、客層はかなり絞り込まれてきます。特定のカテゴリーのモノは特殊性がすごく強く、それにデザイナーやファン層がひも付いていくので、このカフェでコミュニケーションが生まれそうだよね。

モノが本というのだったら「本といってもどのような本なの？」と考えていかないと、六本木にある「TSUTAYA」[1]と一緒になってしまう。あそこでは集まる人同士のコミュニケーションって特に生まれていないよね。やっぱり、バックグラウンドが近いとか、何か一緒にやってみたいとか、何でもいいけれど、共通することがあるからコミュニケーションは生まれやすいわけで。むしろまったくバックグラウンドが違う人同士をコミュニケーションさせたいんだというなら、かなり綿密に考えないといけないよね。

Bさんの案は、ホームという具体的な場所を探してきたので、けっこういいアプローチだと思いますよ。やっぱりカフェは場所ですよ。そのカフェを取り囲む周辺の環境は大事だし、その立地にいる人に

対してそのカフェで何をするのかということが膨らんでくる。ちなみにクラスカでご一緒した中村貞裕さんの手がけた「Sign」[2]というカフェはドーンと「Sign」って書いてある看板をつくって、そこでの待ち合わせをコンセプトにいろんなことを考えていくアプローチをしていました。

　Cさんのも面白いんだけど、ちょっとカフェから遠ざかっている感じもあるね。映画があって鑑賞会ができる。とてもいいけど、「こんな空間にカフェ機能を付けてもいいんじゃない」という発想かもしれないね。映画のプレミアショーの会場がカフェになっているとか、映画祭の脇でずっとフィルムが流れていて、しゃべっていてもいいよというような。鑑賞しながら、もちろん鑑賞後も話せるとすると、映画館のカフェはもっと面白くできるんじゃないか、とか。映画館で映画を見終わった後は、帰りの動線にカフェは普通ありませんよね。上映時間は決まっているので、上映前に時間をつぶせるカフェスペースは館内にあるけれど、帰りは「はい、さようなら」となっている。それが本当にいいのかという検証にはなるよね。

　そういうふうに、もういちど自分の考えを具体的な場所に落としてみましょう。だって、だいたいのアイデアはすでに誰かがそれなりにやっているんだから。今あるものを再検討したり、足し算や掛け算をしたりすると、より面白い企画になるんじゃないかなと思います。

　では、次の方いきましょう、どうぞ。

生徒D：僕は「白いキャンバスのようなカフェ」を提案します。

　フランチャイズのカフェを連想すると、立地によって回転率や客層が違うのに、同じ内装で統一されています。カフェ自体をその性格に合わせて変動させたいと思いました。月々の客層や混み具合によって空間を変えるルールがつくれないかと思います。例えば座席の数や座席の品質を変えたり、インテリアを変えたり。でもチェーン店なので、カウンターやサインなどは同じ

もので統一したいと思います。

　例えば赤坂や東京駅付近のオフィス街では、9時の出勤時間から昼時までは、とてもすいている。また土日は人通りが少ないし席も空いているので、空間がもったいない。一方、新宿のような流動性の高い場所にあるカフェはさまざまな人が利用して回転がとても激しいし、土日は混み合ってしまう。それで、オフィス街のカフェは席を減らしてこだわりのあるものにし、流動性の高いカフェは席の数をすごく増やして、よりシンプルにする。そうしたことで、同じ系列のカフェで味は同じだけど、空間が変わるから、常連は楽しみを見つけると思います。また、1カ月に1度、1階だけの模様替えをして空間を変えるのもいいなと思います。

-------------------------------- (拍手) --------------------------------

生徒E：「1杯1年カフェ」の案です。

　僕のアイデアは、「1杯飲むのに1年かかるカフェ」というものです。コーヒー豆から育てるっていう、それだけですが。1杯を飲むまでに愛着がわいて、何回もそこに行くという。コーヒー豆からつくると、自分のコーヒーはおいしい、この人のはイマイチとか、競争心が生まれることで、また何か目的が持てるかもしれないなということを考えました。

-------------------------------- (拍手) --------------------------------

生徒F：「24時間ずっとあいているカフェ」を私は提案します。

　自分のことを振り返ると、いろんな目的を持ってカフェに行ってるなと思いました。朝や昼や夜の時間帯によって目的はけっこう変わっているのですが、24時間やっているカフェはあまりありません。

　24時間あいているカフェでは、朝、昼、夜、夜中というふうにだいたいの時間を分けます。朝のターゲットはサラリーマンです。朝食メニューや新聞を充実させて、ひとりで利用する人が多いので、席の配置を変えることを考えます。夜中のターゲットは朝まで時間をつぶしたい人。学生が多いと思うのですが、漫画喫茶やカラオケでは物足りないし、混んでいる場合もあります。夜はちょっとおしゃれなカフェでゆったりできる空間を提供したいなと。または、朝までイベントのスペースとして貸切ができるようにと考えました。

-------------------------------- (拍手) --------------------------------

はい、ありがとうございます。よし、この3人の共通点を割り出してみると、いい切り口があります。「時間のデザイン」。時間を切り口とした考え方ということです。

　Dさんは、月ごとに模様替えをして1カ月単位で何か変化を与えようと。Eさんの1年かかるカフェ。すごいよね、飲むのに1年かかる。で、Fさんは24時間のターゲットを考えるという話。けっこう面白いよね。何か企画を立てるときに、時間軸で1回考えてみるというのは、すごく有効です。

　ただ、DさんとFさんの案。これは正直言って、似たものがありそうですね。お客さんに合わせて何かを提供する発想って、みんな頑張って競い合っていますから。Dさんのカフェは誰がハッピーかというと、ちょっと分からなかった。運営者側の商品開発の話をしてるのか、使い手側の話をしてるのか。どちらかの切り口でまとめると、問題点もより明確になって面白くなったのではないかなと思います。Fさんの、学生にとっては漫画喫茶でなくて、少し寝ていてもいいけどよい雰囲気のカフェがあればいいのに、というのはターゲットから考えたマーケティングとしてみると、いい発想なのかもしれないね。

　企画は、誰かが考えた既存のものと同じかもしれないと思うときもありますが、少しの違いがあれば新しいんですよ。それこそがビジネスという場合もある。以前にいた会社でマクドナルドの元社長、藤田田さん[3]と取り引きがあったのですが、日本マクドナルドは独自にさまざまな方法で微調整したのでここまで生き残れていると彼はおっしゃっていました。ブランドとしては有名でも、日本にそのまま持ってきても失敗してしまう。ですから、今あるものをきちんと調べて、微細な部分で違いを出していくということも、非常に大事です。

　Eさんはアイデアマンで面白いですよね。あとは、もう少し構造的に整理をして、考えを「整理」できるといいと思います。まあ1年かかって飲むというのはカフェとしてはどうかと思うけど、リゾートホテルな

どでは活用できるアイデアですよね。例えば、沖縄は日本でコーヒー豆をつくることができる数少ない地域です[4]。コーヒー農園をリゾートホテルの横につくって宿泊客から会員を募りコーヒーの木を一緒に植えて、実がなったらその里親というか、現地で世話をしてくれる人から豆が少し送られてくるという仕組みがあり得ますよね。ホテルのカフェからも、豆ができたから1回飲みに来いという知らせが届いて、せっかくだからもう一度ホテルに行かないと、みたいな。リピートを増やせますよね。このようにアイデアを展開できると思います。では、次の方にいきましょう。

生徒G :「ひとりで静かに過ごすカフェ」を考えました。

カフェは、自分のために過ごす場所という定義をして、できるだけ自分の存在を自分で把握できるだけの場所にしたいなと思いました。必要な要素は、音楽、コーヒー、照明、椅子、あとはさっきも出たんですけど営業時間。半地下などで、穴蔵に入るようなカフェをイメージしています。ラグジュアリー感よりもアンティーク感を出したいと思います。

できるだけガヤガヤ感が生まれないようにして、音楽は適度な音量でかけてもらうようにします。窓は必要最低限のもので、なるべく人の気配をギリギリ感じられるぐらいの薄暗さにしたいなと思います。小規模で好きなものを周りにおいて、ひとりで静かに過ごすというカフェです。夜遅くまで営業するようにしたいのですが、おそらく客は少ないので、オーナーと趣味の合うような人が固定客で来てくれることを想定しないと無理なんだろうなと思うのですけど。

--------------------------------(拍手)--------------------------------

生徒H :私が考えたのは「好きな椅子を好きな場所に持っていくカフェ」です。

私は一般的なカフェの狭い感じがすごくイヤです。隣とすごく近かったり、うるさかったり、全然知らない人なのに物理的に距離が近いのがまずイヤで。自分ひとりのときは、すいているカフェにしか入りません。

それで、その日に行った人数や、勉強するのか仕事をするのか、または何か作業をしたりという活動に合わせて、自分の好きなデザインやサイズの椅

子を選べるカフェ、自分の好きな場所に椅子を置いて隣との距離感を自分で決められるようなカフェがいいなと考えました。空間は外を考えていましたが、室内も使えるような。場所は考えていないんですけど、そういう自分好みのカフェがあったらいいなと思います。

-------------------------------(拍手)-------------------------------

生徒I：私は「情報交換の場となるカフェ」を提案します。

　昔のヨーロッパでは、ある邸宅に集まりサロンと呼ばれる空間で、お茶を飲みながら情報交換をしていたといいます。現在の日本でも口コミによる情報は意外なまでに重要視され、さまざまなジャンルで活用されているように感じます。そこで、私のような女性に特化した提案ですが、美容院やネイルサロンを併設し、お手入れをしてもらいながら、友人同士で話したりくつろいだりできる空間を考えました。長い時間を過ごす場所なので、どうせならお茶を飲みながら、談笑しながら過ごしたいという個人的な意見でもあります。

　店内は短期間で家具、食器、アートを変え、常にインテリアを変化させます。家具屋さんの新古品などを使うことで広告の役割を果たし、同時に使用感もアピールできると思います。女性が費用をかける飲食や美容の両者を合わせた場に友人や家族で赴き、長居をする。ここに試供品や創刊前の雑誌などを置くことで、それらの評価も得られるのではないかと思います。規模はできればビル1棟で、フロアごとにサロンや美容院が分かれているようなイメージです。

-------------------------------(拍手)-------------------------------

　これすごいね。偶然見事に人選がうまく行きましたよ。今の人たちの共通項は何だと思いますか？　「自己中」です。この3人、強烈でしょう？（笑）

　ちなみに自己中心的、これはすごいいいことです[5]。企画者はある程度自己中な面があると思います。「オレがいいと思ったらいい！」みたいな。企画のスタートとして、「好き」は本当に大事ですよ。やっぱり好きなものをやらないと。ただ、ほかの人に受け入れてもらえるかは何度も検証しなければいけませんけど。

　まあ、ほかの人と違っていてもいいんだよね、好きなんだから。

Iさんは、本当に自分が好きなものをきちんとプログラムに活用している。Gさんなんてもう、名物カフェのオーナーのようだね。自分が満足したいんだという後は、アンティークなんだよなぁ、いい音楽かかってんだよなぁ、と。大事なことです。僕が最近気に入っているバーが恵比寿にあるのですが、ここは音楽大好き軍団がやっていて、レコードを驚くほどたくさん揃えている。アンプも真空管でこだわって。これを新たに揃えようと事業計画を考えても無理だよね。でも、好きなことをガンガンやると、すごくいい店になって、それに共感や感動する客が集まってしまう。こういう「好きな人」が商売に見合う人数まで達したときに、それが事業企画になるのですね。独りよがりじゃダメですが、自分から発想した自分の好きなモノっていうのは大切な企画の元になると思います。それを度外視して、マーケティングやデータだけから入る企画なんてうまくいきません。

　あとHさんのオープンなカフェ、概念的で面白いです。カフェというよりも、キャンプ場ではありなのか、サマーフェスの屋台を自分の好きな感じにするというのもありなのか。けっこう面白くなりそうだよね。ただし、オープンエアって雨や冬になると運営が厳しいんです。でも、考え方を変えれば可能性はあるかもしれない。ヨーロッパの人は大好きですよね、めちゃくちゃ寒いのに外でビールがぶ飲みとか。運動場や公園のカフェのようにパブリックなオープンスペースも狙いどころで、今後チャンスがあるでしょう。パブリックスペースを価値化したよい例として「High Line」[6]を紹介します。では、最後のふたりいきますか。

生徒J：「同じ目的を持った人が集まってくるカフェ」をつくりたいと思います。
　自分が読書が好きなので、読書をするためのカフェというように、目的に特化したカフェをつくろうということです。気軽に誰でも訪れるというよりは、マニアックな人が来るような、隠れ家的な場所や雰囲気にしたいなと思

います。読書をするためのカフェであれば、話題の本や特定のジャンルの本をたくさん置いて、自由に取り出して読みながらお茶をするような感じです。

同じ趣味を持った人が集まるので、話が盛り上がるでしょうし、掲示板みたいなのを設置してみんなが書き込んでいくことで、コミュニティができればいいなと考えています。普段の生活ではつながらないような人ともつながることができる、新しい空間になるだろうなと思います。本好きな人を集めるため、コーヒーを何杯飲んだら図書カードをプレゼントするということも考えています。

-------------------------------- (拍手) --------------------------------

生徒K：「いろんな要求を持った人たちを受け入れることができるカフェ」にしたいと思います。

やはりカフェは儲けて続けなければ意味がないと思い、そうするにはターゲットを広くしてお客さんを多く呼びたいと考えました。カフェに入るときは、一緒に行く人や目的によって使い分けがされていますが、いろんな空間を求めている人たちを同じひとつの空間に集めるにはどうしたらいいかと思い、段差をつけることで空間の住み分けを図るという案を考えました。

空間に段差をつけてだんだんと高くなっていくようにして、間にはガラスを立てます。ひとりで長く読書をしたい人は一番上まで登って、カフェ全体を見ながら落ち着くことができます。少しの合間に休憩で入ってきたという人は、一番下のところでお茶を楽しむ。一番下の出入口のキャッシュカウンターに立つスタッフには美男美女を雇いたいですね。すべての客席から向かい合うように見えるので、スタッフをずっと眺めることを目当てに来ていただいてもいいと思います。

-------------------------------- (拍手) --------------------------------

ふたりともきちんとしていますね。今までのみんなと少しかぶってる部分もあるんだけど、ふたりがハッキリと言っていたのが、「集客」ということですね。

読書好きのJさんはリピート誘発のために図書券を配るとか、グルーピングをどうするかと考えていましたし、Kさんは集客を空間的に落とし込んで段差なんじゃないかと言っていましたし。まあ、段差

よりもコーヒーがおいしかったりスタッフが美しいほうが大事かもしれませんけど(笑)。集客のモチベーションはすごく大事です。むしろ、それがなければどんなに空間のデザインがよくても絶対つぶれるからね。そういう意味では切り口が正しいなと思いました。

さて皆さんの案をまとめると…、1グループ目は「概念と具体性」です。概念と具体性は両輪で切り離せないものです。そのひとつの大きな切り口として、2グループ目の「時間」がありました。空間の大切さは皆さん分かっているとして、時間と使われ方に焦点を当てていました。そして、3グループ目の「好きなコト、モノ」。自分の好きから立案して、そこに仲間=お客がいるという案。一方、むしろお客をどう集めるかと考えたのが4グループ目の「集客」の切り口。そのためには、時間や空間を駆使しよう、ということでしたね。このようにカフェの企画を短い時間でつくってみるだけでも、個性や考えの違いが出ますよ。どれもよいし、どれも甘い。企画の一側面である多様な価値感を豊かに集めて整理し、ひとつのものにまとめ上げる行為を体感していただけたでしょうか。

1 TSUTAYA TOKYO ROPPONGI

六本木ヒルズの一角にあるスターバックスコーヒーに隣接した新しいかたちのコンセプトショップ。店内では本や雑誌を選びながらコーヒーが飲めるが、特に本を介したコミュニケーションなどは意識されていない。ただし、2011年にオープンした代官山T-SITEの「蔦屋書店」ではコンシェルジュの常駐やラウンジ・アーカイブの配備など、新たな取り組みがなされている。

2 Sign

トランジットジェネラルオフィスが手がける外苑駅前のカフェ。同社はほかにも、コンセプトを重視したカフェやホテルを数多く手がけている。ユニークでファッショナブルな発想によるプロデュースは、日本はもとより海外においても高く評価されている。

3 藤田田

日本マクドナルド創業者。ほかにトイザらスなど、海外で成功したビジネスモデルを日本の市場環境に合わせて改良し展開した。マクドナルドの経営では、日本全国で「価格破壊」を引き起こすなど、経済感覚、会社経営に長けたカリスマ的人物であった。

4 国産コーヒー

赤道を中心に、北緯 25 度～南緯 25 度程度の熱帯・亜熱帯地域がコーヒーの栽培に適した気候・土壌といわれ、日本国内では沖縄と小笠原にコーヒーを生産する農園がある。

5 『水源』
アイン・ランド著・藤森かよこ訳、ビジネス社

フランク・ロイド・ライトがモデルともいわれる建築家を主人公にした、創造性を発揮する自己実現の欲望に正直な個人が社会にどのような影響を及ぼすのかを書いたフィクション小説。全米で 500 万部以上発行されている。日本では同書がゲーリー・クーパー主演で映画化された『摩天楼』が有名。

6 High Line

ニューヨーク市にある、長さ 1.6km のミートパッキング地区とチェルシー地区を結ぶ公園。ウェストサイド線の高架跡を、空中緑道として再利用したものである。ハイラインに隣接する一帯には、高級コンドミニアムやホテル、ブティックやレストランなどのリテール・スペースが続々と出現している。

アイデア共有でコンセプトがみえてくる

　企画作業を繰り返していくと、アイデアがこなれていきます。ひとりだけで考えていても、なかなかこうはならない。みんなが一緒にいろんなことを考えたので、なんとなく切り口もみえてきた。内容は違うけど、1 人ひとりのイメージが一緒になってきて、カフェってこんな切り口でこんな面白いものができるんだと、コンセプトや方向性の出し方が感じられたと思います。

　このようなプロセスを繰り返していると、企画の素材が揃ってきます。複数の人たちが一緒にいろんなことを考えたので多様な考え方が出てきて、新しい何かを見つけるキッカケがつかめるのです。バラバラに浮かんでいた考えが、重なったりくっついたりすることで、

アイデアが膨らみチームで共有化されていくイメージを持つとよいでしょう(P.125)。

お題はカフェでも何でもよいのですが、「こんな切り口でこんな面白いものをつくりたくなる」、そうしたコンセプトを探す方法を少しでも理解してもらえると嬉しいです。

これまで8時限にわたって、おカネの仕組みの話に始まり、ヒトを動かす企画の話をしてきましたが、いつもモノづくりに関わっている皆さんの脳みそによいストレスをかけられたでしょうか？

授業は、すべてを理解したり解くといった内容ではないように努めました。この授業を受けて「なんとなくナルホド」と思ったり、「引っかかった小骨のようなものをいつか自分で抜いてみよう」とか、そんなかたちで皆さんの役に立つことができれば幸いです。

この授業で教えた考え方や方法は、僕なりに習得してきたユニークな側面も多くあります。人それぞれに考え方や方法は違うと思いますし、必要となるスキルも状況に応じて異なってきます。今後皆さんが建物や都市に限らず何か新しいモノづくりに関わる場面があったらぜひ、おカネやヒトにも目を向けて、それらのつながりのなかにモノづくりがあるということを意識してみてください。きっと、新しい何かに出くわすと思います。

お付き合いいただいてありがとうございました。これから大変なこともあるかもしれないけど、ぜひ好きなものを見つけて、怖がらずにチャレンジしていってください。僕も頑張ります。

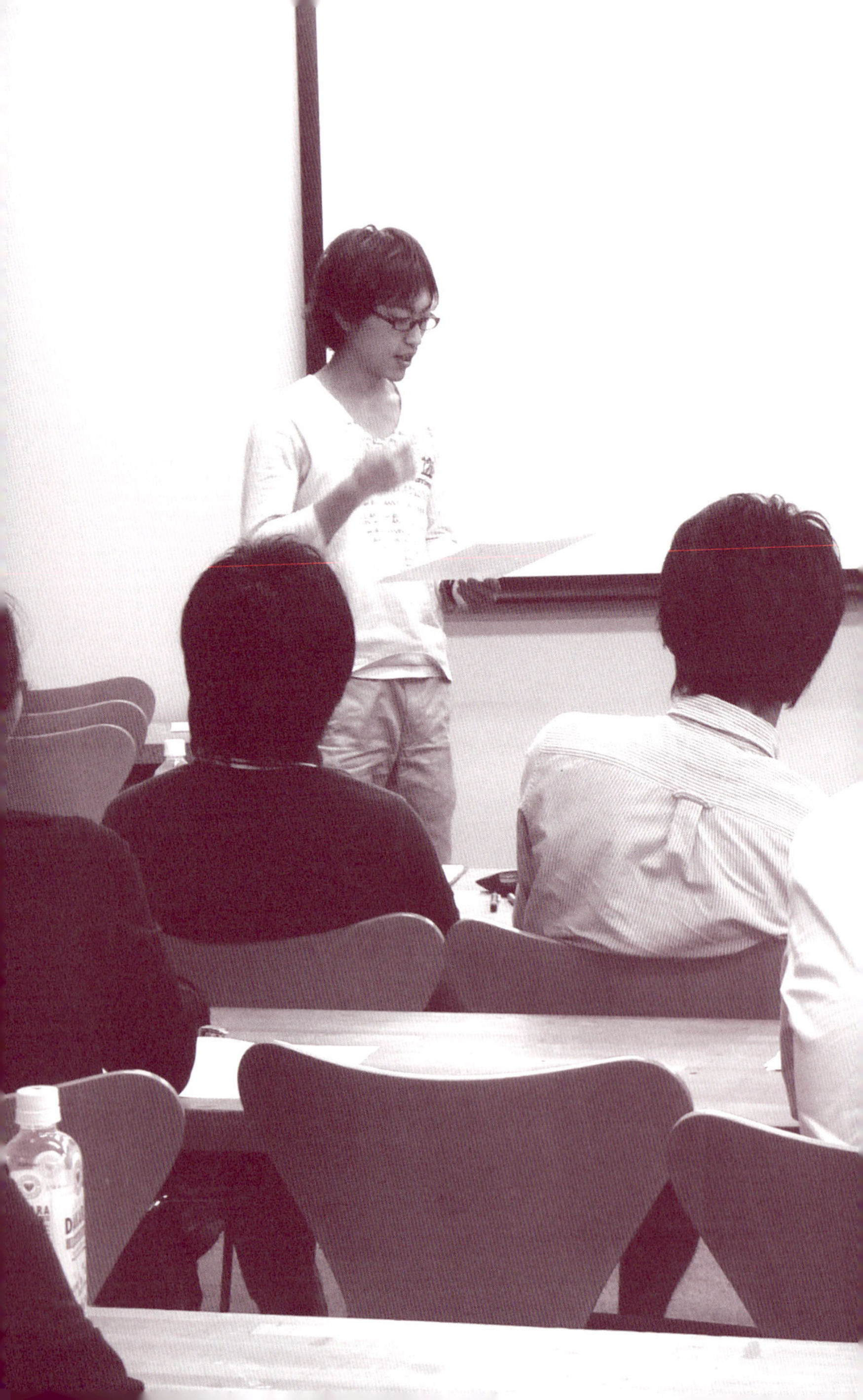

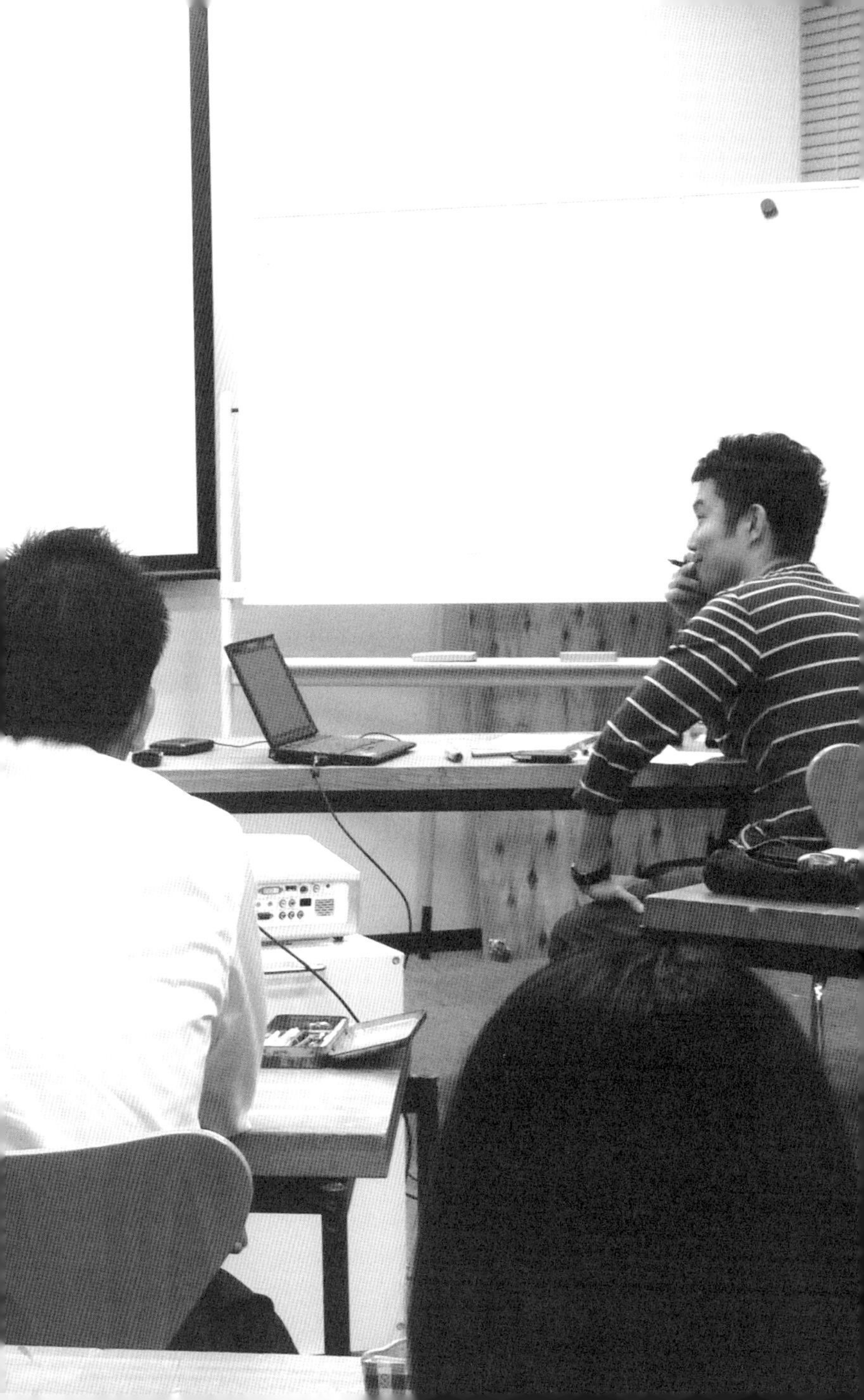

あとがき

　本書を書きだしたのは 2011 年 1 月のことです。それまでに東北大学大学院で「プロジェクトデザイン論」として建築や都市計画を学ぶ学生の皆さんに教えてきた内容がそれなりのボリュームになり、日本ではあまり論じられない「建築や都市を対象としたプロデュースの手法」としてまとめられないかと書き始めました。その間に東日本大震災という悲劇も起き、1 年以上におよぶ試行錯誤でようやくかたちになりました。

　第 1 部の「おカネの仕組み」編では、学生や社会に出たばかりの方、また、デザインワークに従事し、普段あまり経済的な知識に触れていない方などを対象に、基礎から不動産の流動化までの知識について、専門的な詳細にこだわらず仕組みの概要を理解していただけるように努めました。もしかすると、会計・金融の素養がある方には物足りなかったかもしれません。

　第 2 部の「ヒトを動かす企画」編では、これまで試行錯誤でやってきた企画やプロデュース業務を、なるべく分かりやすく手法として体系化しました。一部我流もあると思いますが、企画ならびに企画書作成という柔らかい仕事に着手しアウトプットするためのフレームワークとしてご活用いただければ幸いです。

　本書の執筆にあたって、プロデュースというプロジェクト自体のデザインに興味を持っていただき、一緒になって教室で知的なチャレンジをしてくれた学生さんたちに感謝します。この本は彼ら・彼女らとの対話から生まれたものです。また、講師として声を掛けてくださった阿部仁史先生ならびにお世話になった本江正茂先生、石田壽一先生、小野田泰明先生、五十嵐太郎先生に感謝します。

また、混乱している原稿の整理から、勢いで文中のイラストまで描いてもらってしまった編集の加藤純さんには構想段階からお付き合いいただきました。加藤さんの叱咤激励がなければ、文章を日常的に書き続けるという初めての挑戦にギブアップしていたかもしれません。感謝しています。彰国社の神中智子さんには的確な助言をいただき、おかげ様で書籍というかたちにすることができました。ありがとうございました。また、多岐にわたる事象を取り扱いながらも講義形式のライブ感を失わずに1冊の本としてまとめられたのは、藤田茉緋さんによるデザインのおかげです。ありがとうございます。

　最後に、個々の名前を出すのは控えますが、文中に名前を掲載させていただいたかどうかにかかわらず、過去にプロジェクトや会社でご一緒し、コラボレーションさせていただいた方、サポートしていただいたメンバーの方には深く感謝しています。皆さんとの現場での課題克服やビジョンの共有が糧となり、今の自分があります。ありがとうございました。

広瀬 郁
2012年3月

著者略歴

広瀬 郁（ひろせ いく）

株式会社トーン アンド マター 代表取締役

1973年、東京生まれ。東京理科大学工学部建築学科卒業。1999年、横浜国立大学大学院建築専攻卒業。外資系のコンサルティング会社、不動産ベンチャー会社で勤務後、現職。クリエイティブとビジネスのブリッジングを得意とし、さまざまな新規事業にプロジェクトデザイナーとして携わる。
新たな仕組み・仕掛けのデザインが必要とされる、ワークプレイス、公共空間・公共施設、エリアマネジメントなどの領域で多岐にわたるプロジェクトを推進中。

info@toneandmatter.com

制作・協力クレジット

編集／イラスト

加藤 純 （context）

デザイン

藤田 茉緋 （GRAPHICMINE）

撮影

畑 拓 （彰国社） P.031・055・095・134-135・147・169・176-177
加藤 純 P.194-195

各章扉写真・図版提供

1章（P.008-009） Christian Krohg's painting of Leiv Eiriksson discover America, 1893
所蔵：National Museum of Art, Architecture and Design
2章（P.034-035） PHOTO：Tomo.Yun
3章（P.056-057） PHOTO：Cheryl Ann Quigley / Shutterstock.com
4章（P.070-071） Hotel Nacional, Havana, Cuba　PHOTO：Pics-xl
5章（P.098-099） PHOTO：Henrik Sorensen
6章（P.112-113） PHOTO：Roy Mehta
7章（P.136-137） 「豊臣秀吉朱印状 天正20年4月22日 加藤清正宛」
所蔵：佐賀県立名護屋城博物館
8章（P.170-171） PHOTO：Paul Matthew Photography

協力

崎山桂介（崎山公認会計士事務所）
田名部香織（東北大学大学院）
栢木まどか、井上恵介、森鼻良太、池田健虎、大塚悠太、佐藤陽子、
鈴木結衣、高橋裕希、高橋麗、高山信暁、波野平遼、平岡正瑛、
堀切佐和子（以上、東京理科大学工学部伊藤研究室）、須田大佑（東京大学大学院）

※　肩書きなどは2012年2月時点のもの

建築プロデュース学入門　おカネの仕組みとヒトを動かす企画

2012年 4月10日　第1版 発　行
2022年 6月10日　第1版 第3刷

著　者	広　瀬　　　郁	
発行者	下　出　雅　徳	
発行所	株式会社　彰　国　社	

著作権者との協定により検印省略

自然科学書協会会員
工学書協会会員

Printed in Japan

© 広瀬 郁　2012年

162-0067　東京都新宿区富久町8-21
電話　03-3359-3231（大代表）
振替口座　00160-2-173401

印刷：三美印刷　製本：ブロケード

ISBN 978-4-395-01031-8　C3052　https://www.shokokusha.co.jp

本書の内容の一部あるいは全部を、無断で複写（コピー）、複製、および磁気または光記録媒体等への入力を禁止します。許諾については小社あてご照会ください。